École d'Application de l'Artillerie et du Génie.

Cours de Fortification permanente.

3e Partie.

Organisation d'ensemble des Forteresses.

1er Fascicule.

Extrait de l'Atlas établi
par Mr le Commandant Corbin
en Janvier 1890.

(Pour être joint aux Leçons de Mr Joffre
Chef de Bataillon du Génie, Professeur.)

1892.

(4)

Lithographie de l'École d'Application de l'Artillerie et du Génie.

Fig 1. ENVIRONS DE REIMS

Echelle de 1: 80.000e

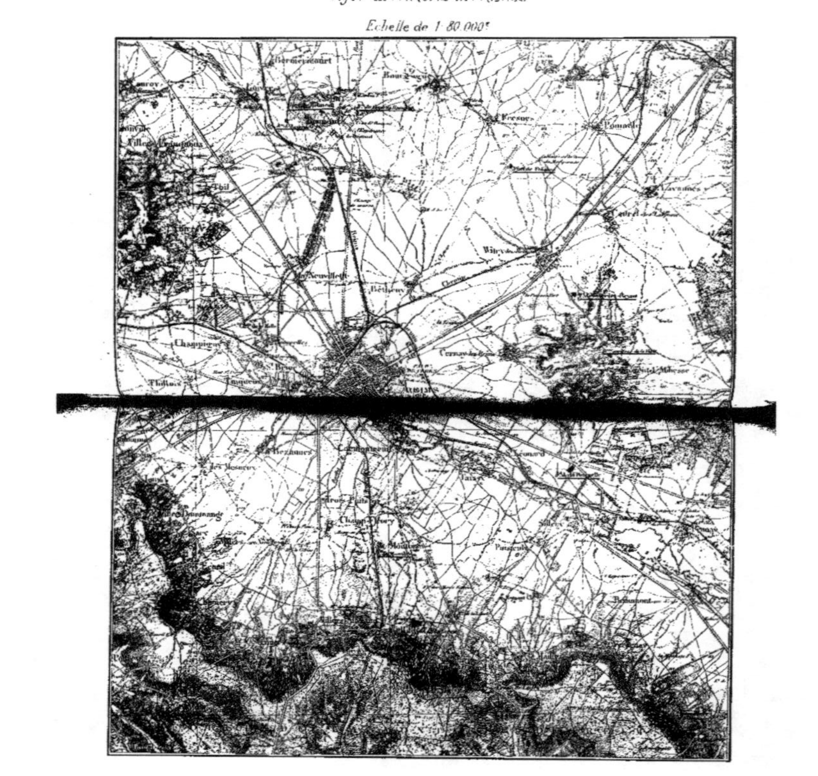

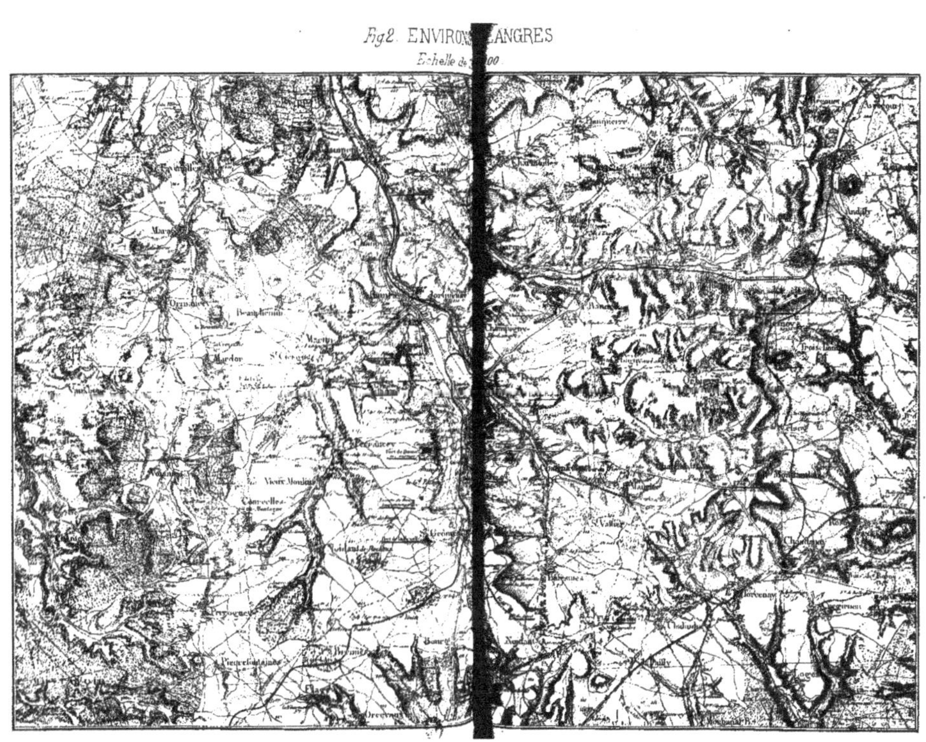
Fig2. ENVIRONS
ANGRES
Echelle de

ENVIRONS DE PARIS

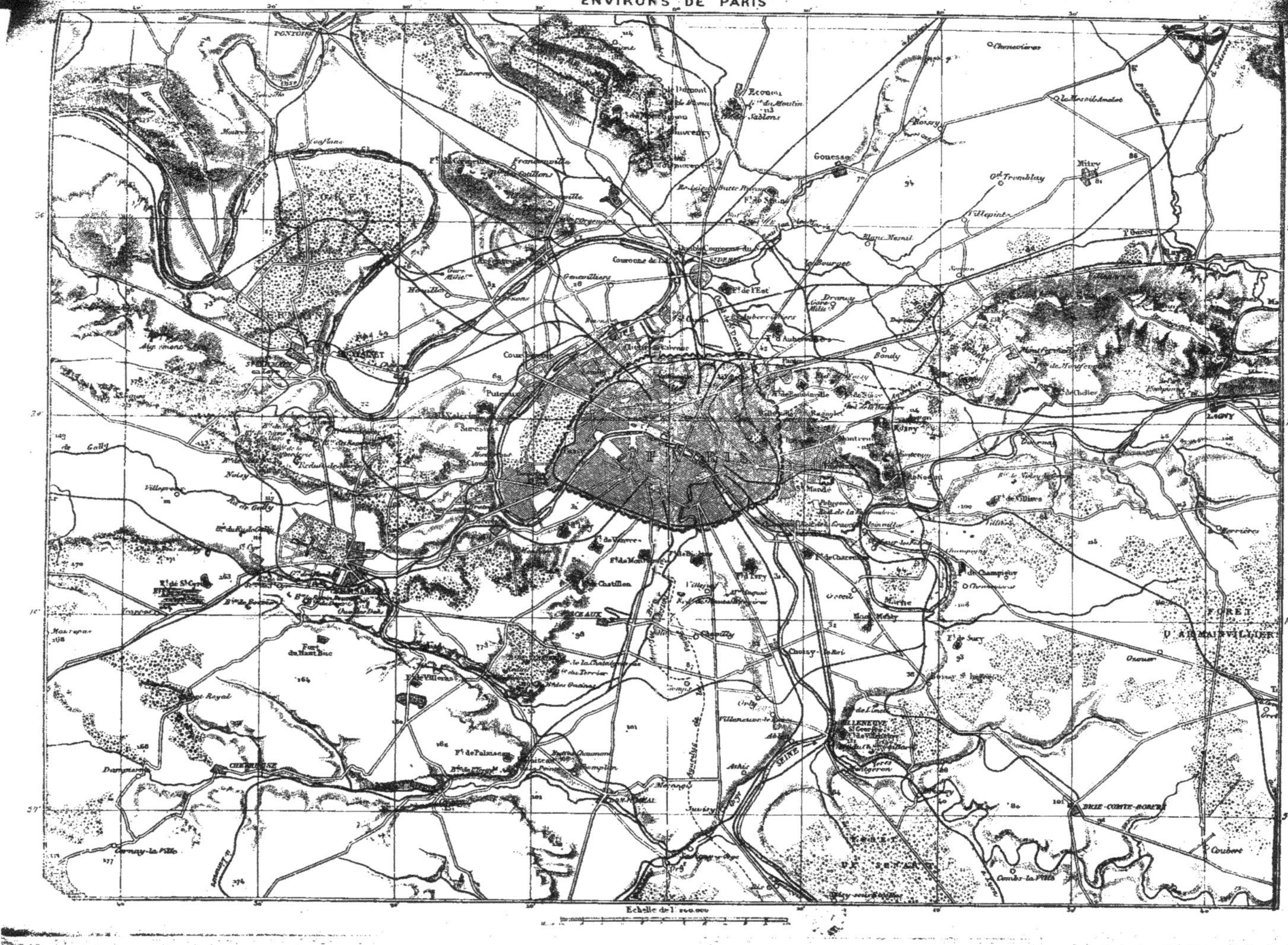

Fig. 5.

Position de Cormeilles.

Echelle de 1/20.000.

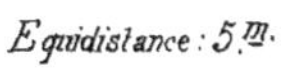

Equidistance : 5.m

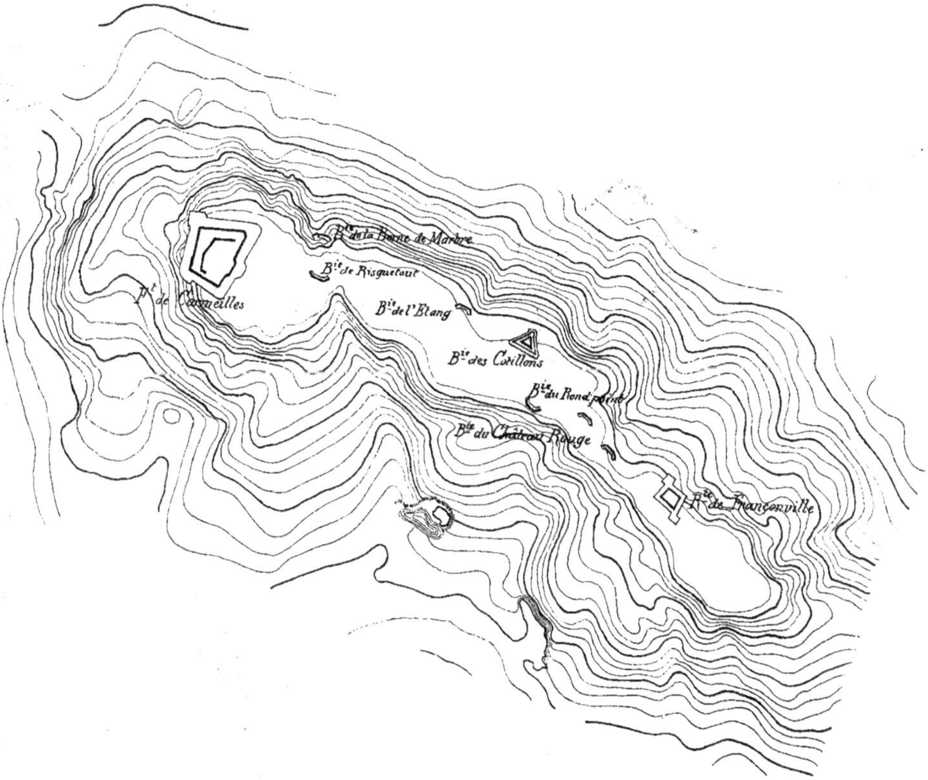

Ft de Cormeilles
Bie de la Borne de Marbre
Bie de Risquetout
Bie de l'Etang
Bie des Cotillons
Bie du Rond point
Bie du Château Rouge
Rte de Franconville

Fig. 6.

Position de Stains.

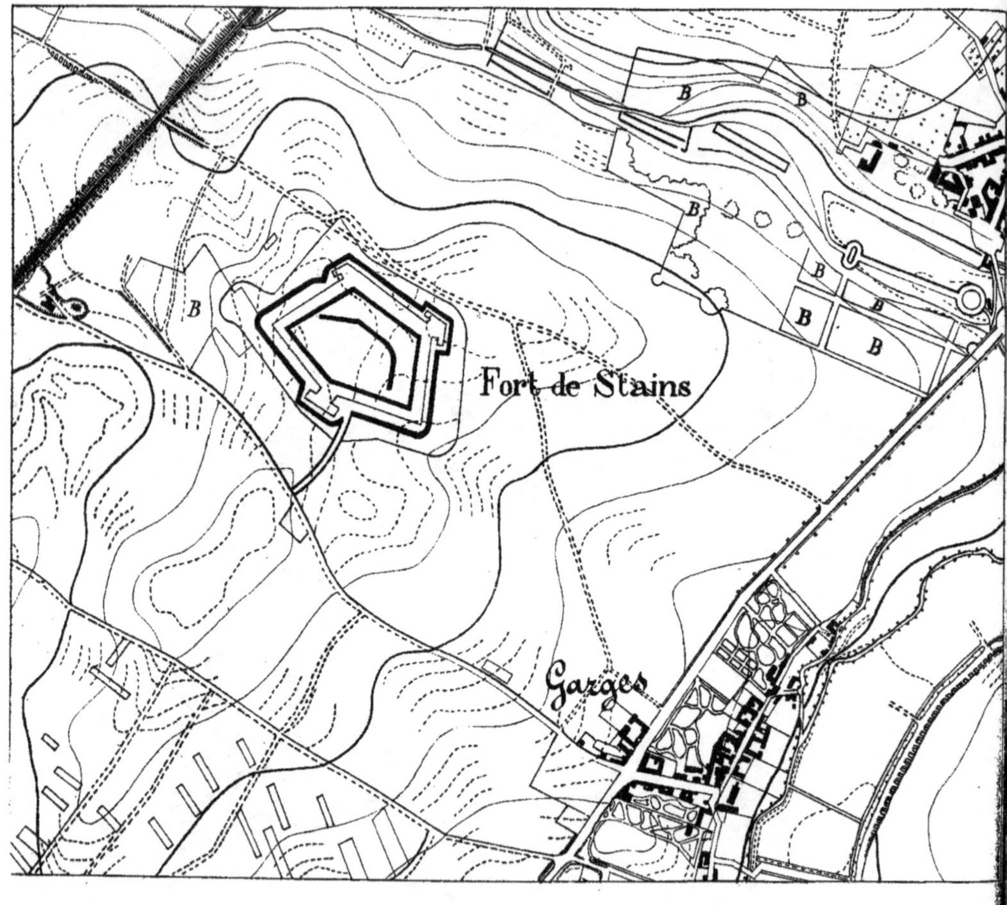

Fig. 8. SECTEUR S-O. DE PARIS.

POSITION DE PALAISEAU-VERSAILLES.

Echelle de 1:80.000e

Fig. 8bis SECTEUR SUD-OUEST DE PARIS.

POSITION DU BOIS DE VERRIÈRES.

Echelle de 1 : 40.000e

Fig. 10. POSITION DE DOMONT-MONTMORENCY.

Echelle de 1:40.000e.

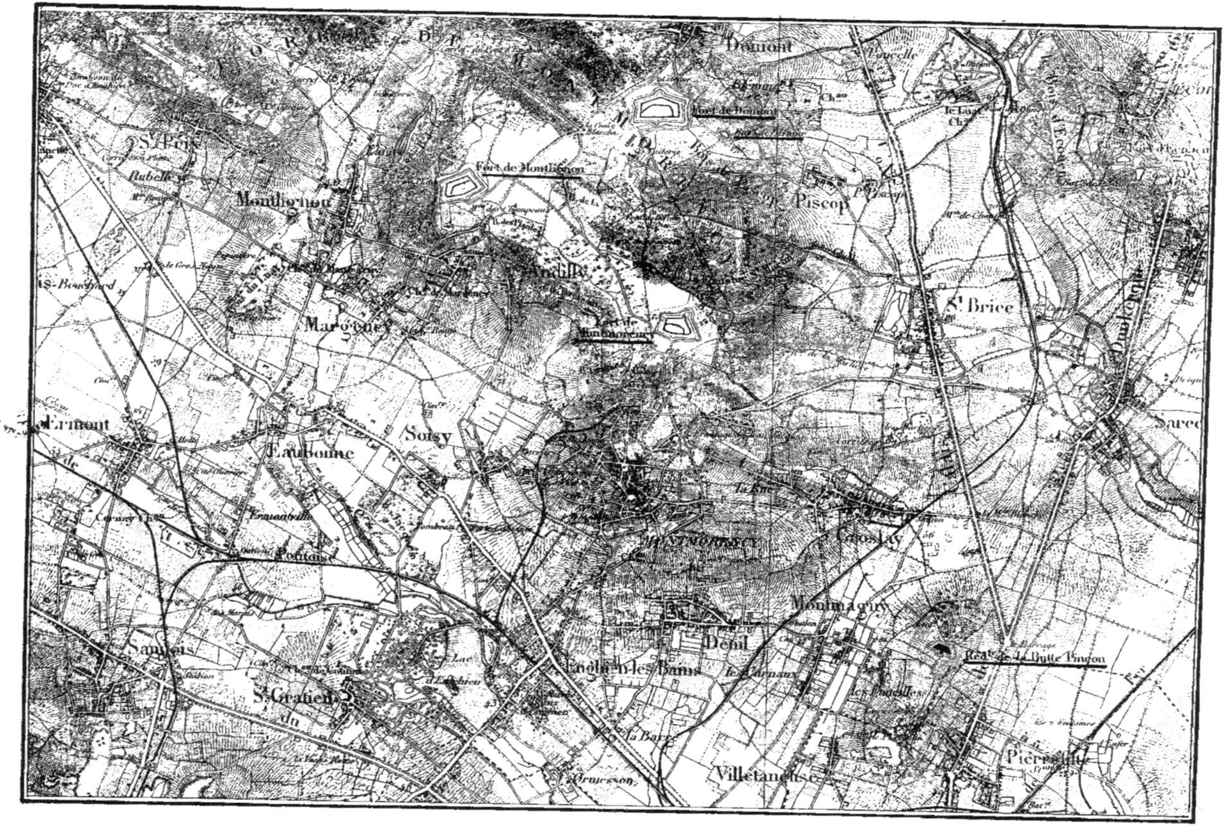

Fig 11.

Position de Vaujours.

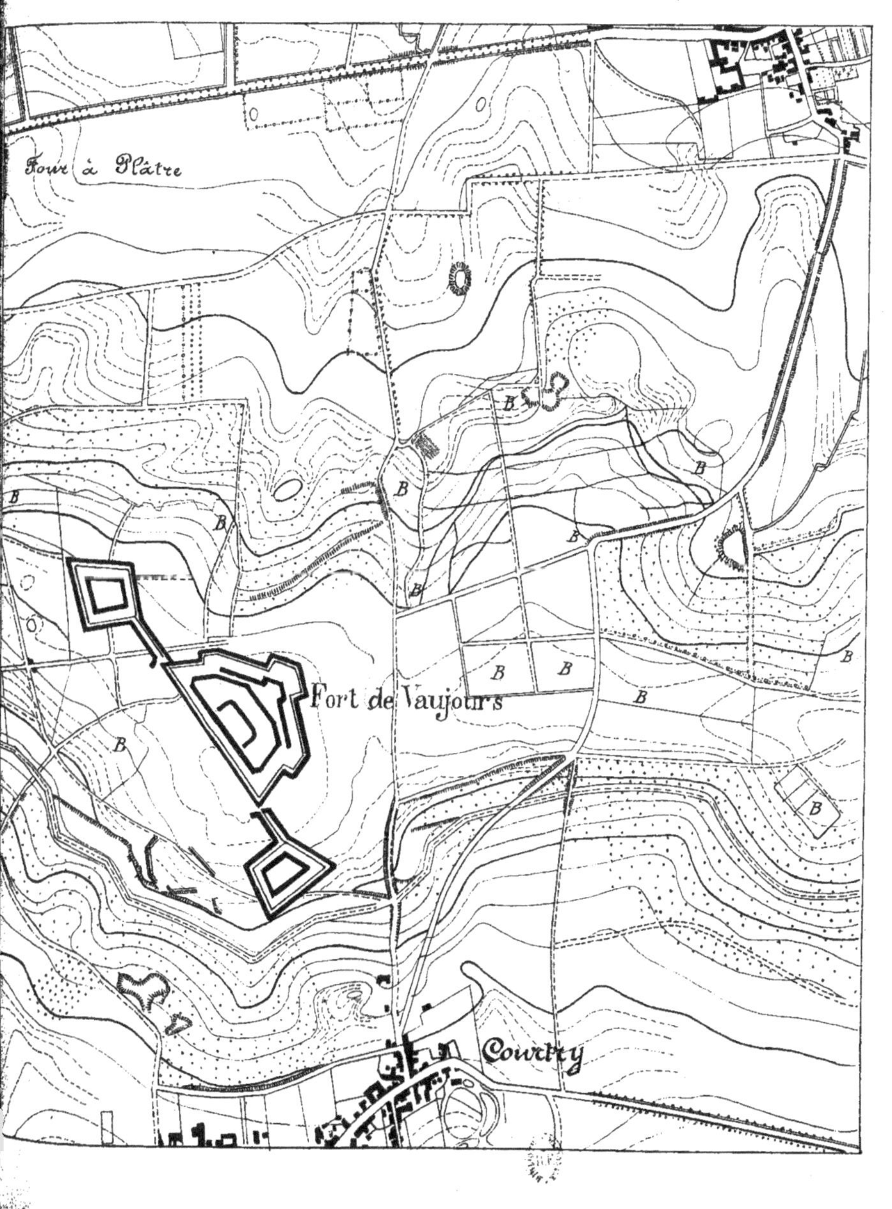

Fig. 9.

Position de Chelles (1/20000)

Equidistance : 5 mètres

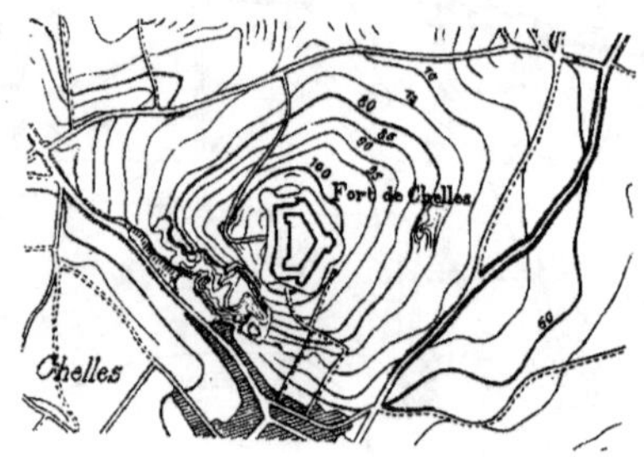

Fig. 12.

Position d'Ecouen. (1/20000)

Equidistance : 5 mètres.

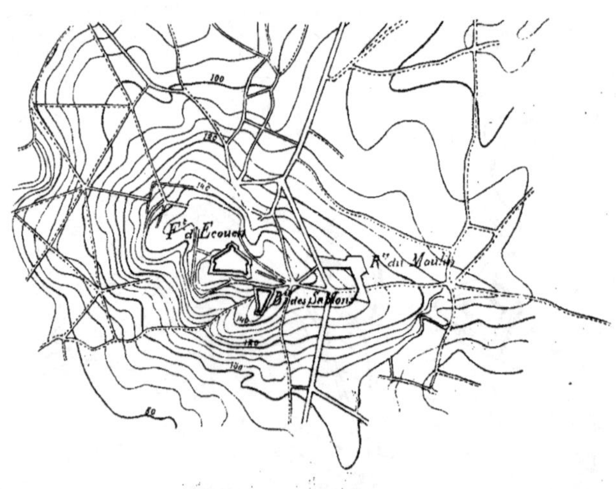

Fig. 13.

Position de Hausbergen (1/20000) (Strasbourg)

Equidistance : 5 mètres

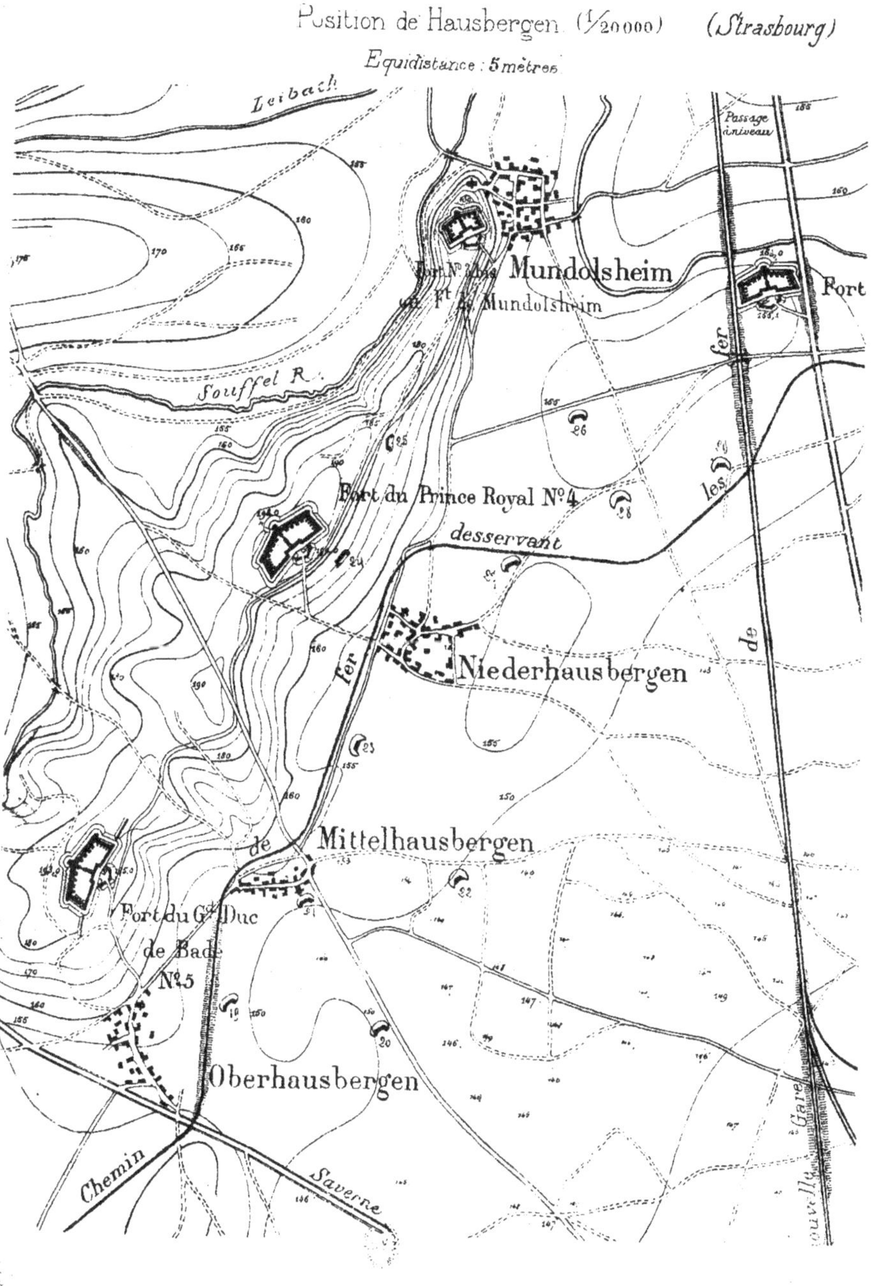

Fig. 14.

Position de Marly-le-Roi. (1/20000.)

Équidistance : 5 mètres.

Fig.15. ENV[illegible] DE TOUL.

Echelle [illegible]0.000e

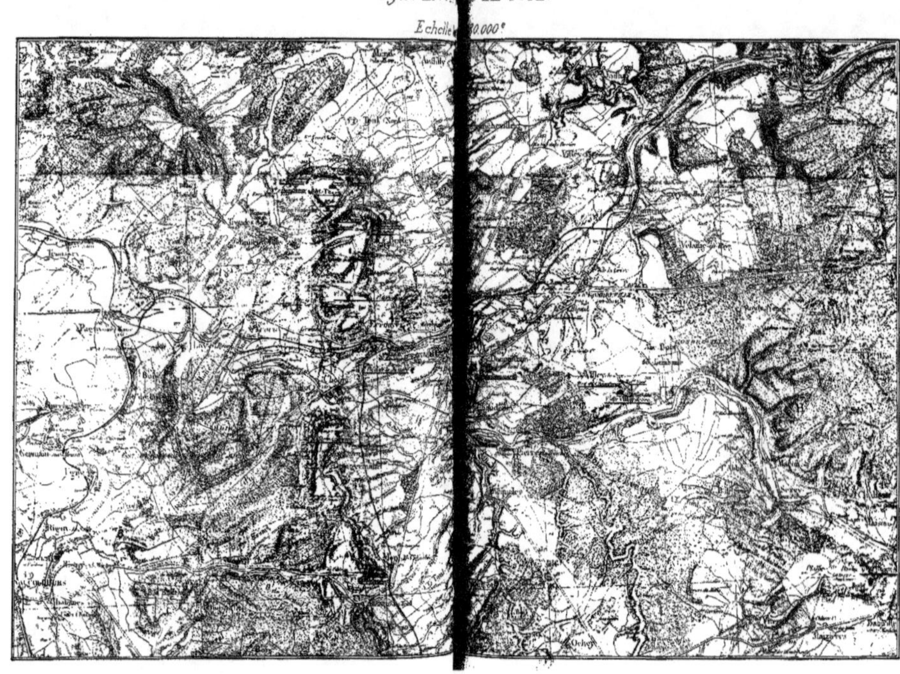

Fig. 18.

Exemple de jonction de la Gorge et du Flanc avec ressaut sur la Gorge, le Flanc étant paradossé.

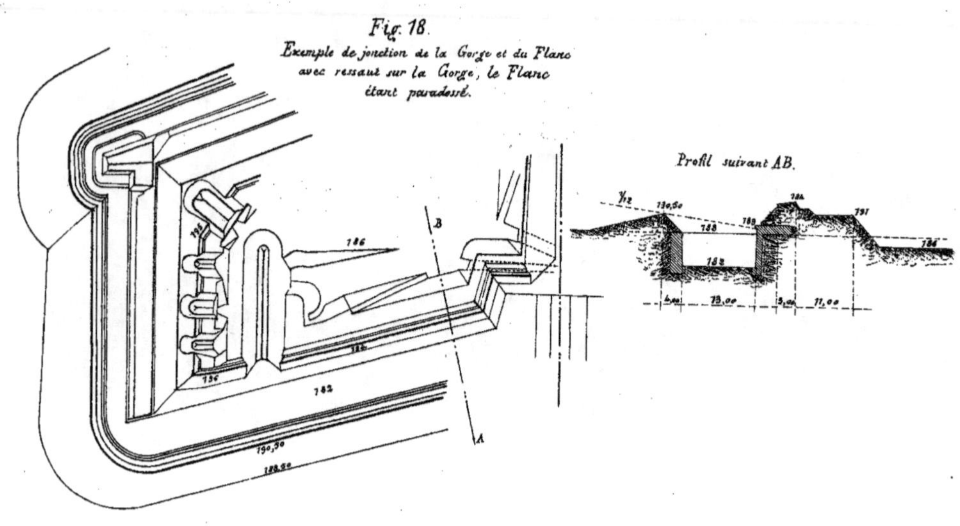

Fig. 19.

Exemple de jonction du Flanc et de la Gorge avec ressaut sur la Gorge, sans parados ni traverse.

(Le Flanc n'a à craindre aucun coup de revers.)

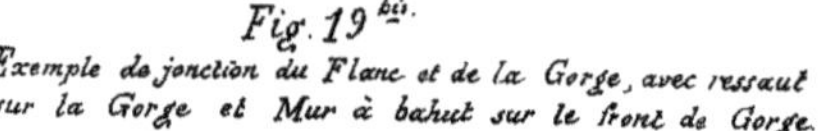

Fig. 19 bis.

Exemple de jonction du Flanc et de la Gorge, avec ressaut sur la Gorge et Mur à bahut sur le front de Gorge.

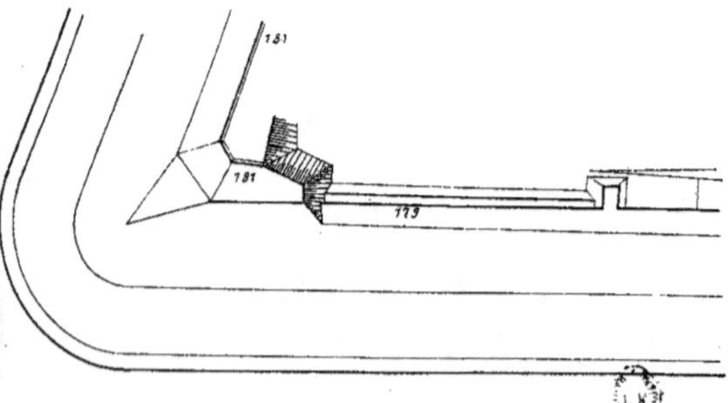

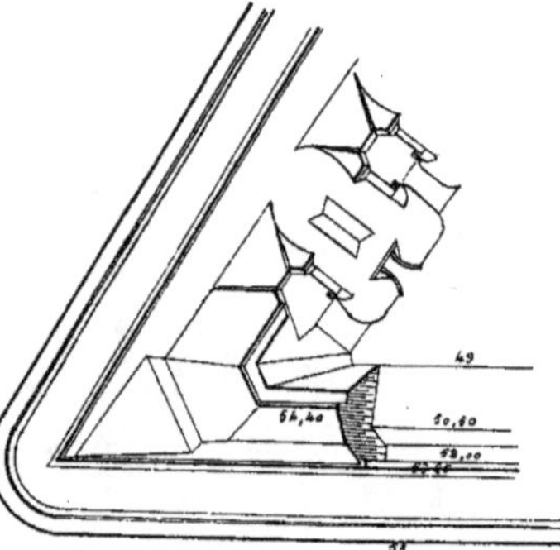

Fig. 17.

Fort dit « à Cavalier » ou « à Massif central et à Batterie haute »

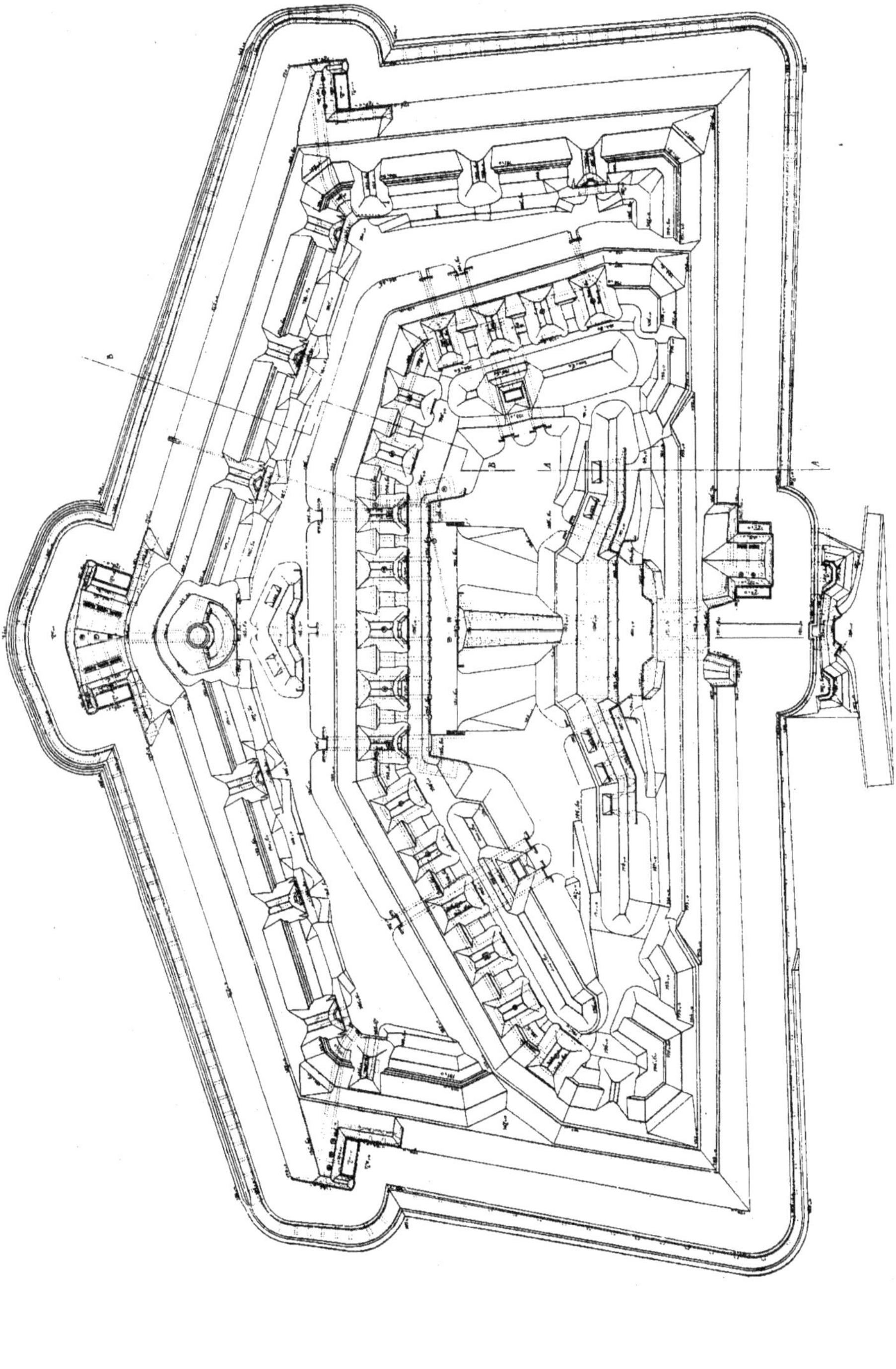

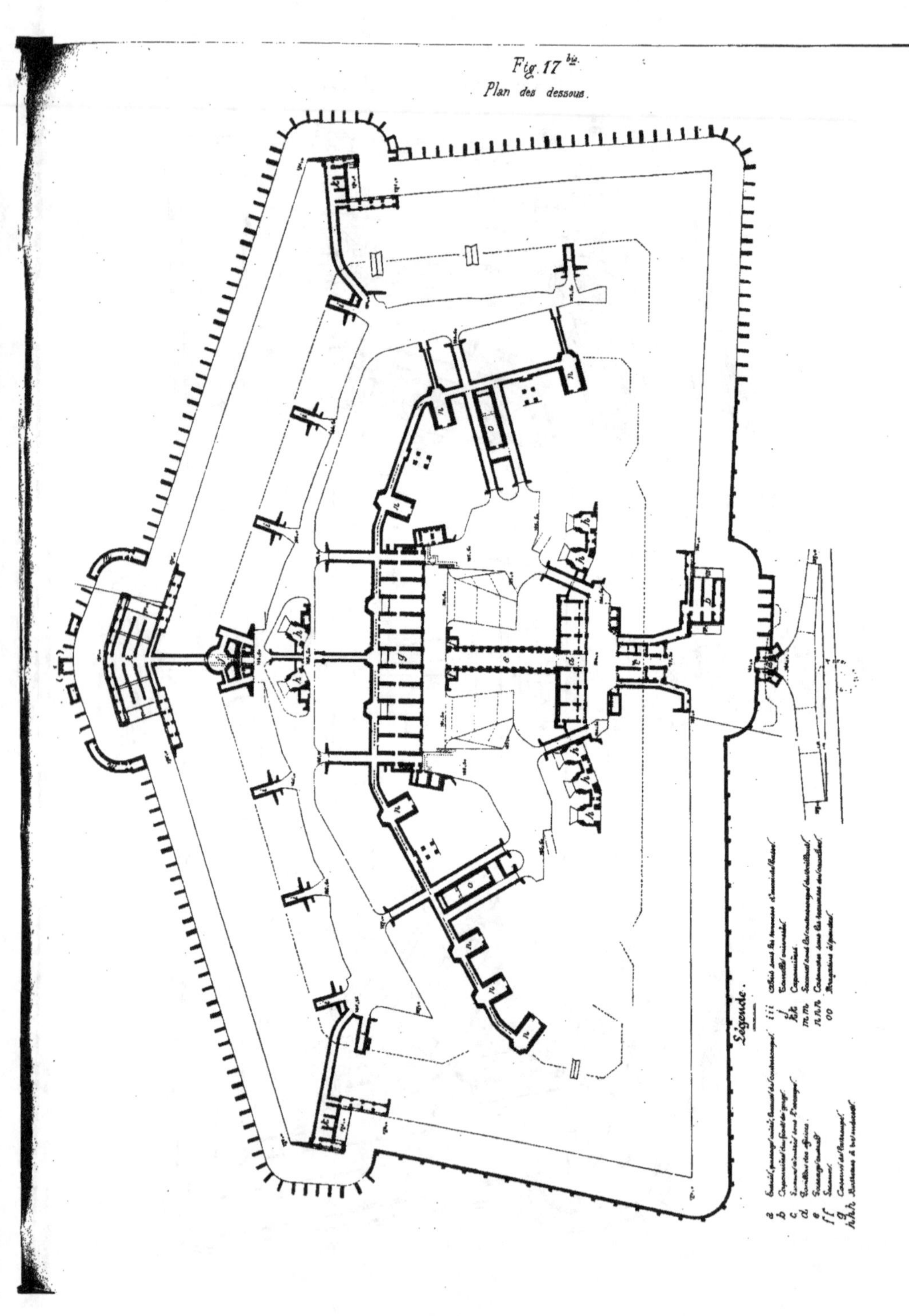

Fig. 17 bis.
Plan des dessous.

Fig. 20.

Exemple de jonction de la Gorge et du Flanc, avec ressaut sur le Flanc, la Gorge et le Flanc étant paradossés.

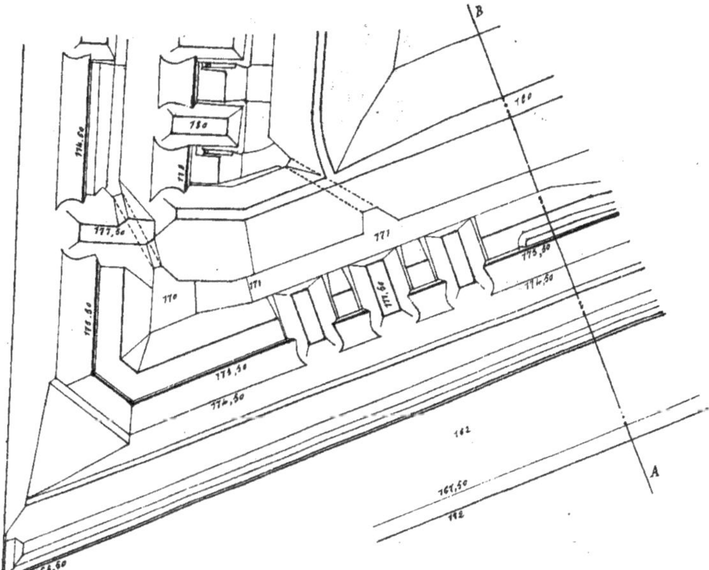

Profil suivant AB.

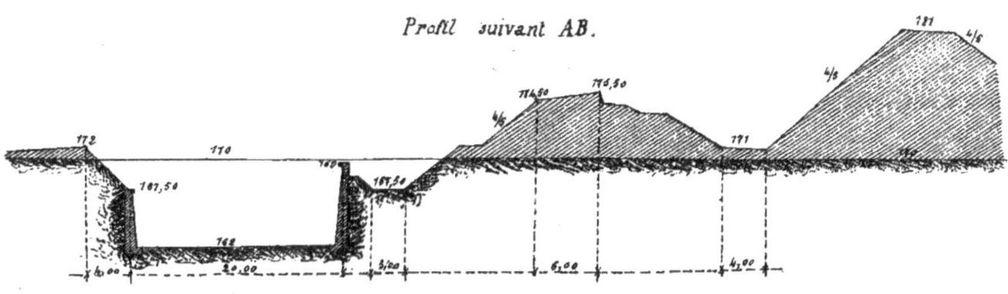

Fig. 21.

Flanc de Cavalier paradossé.

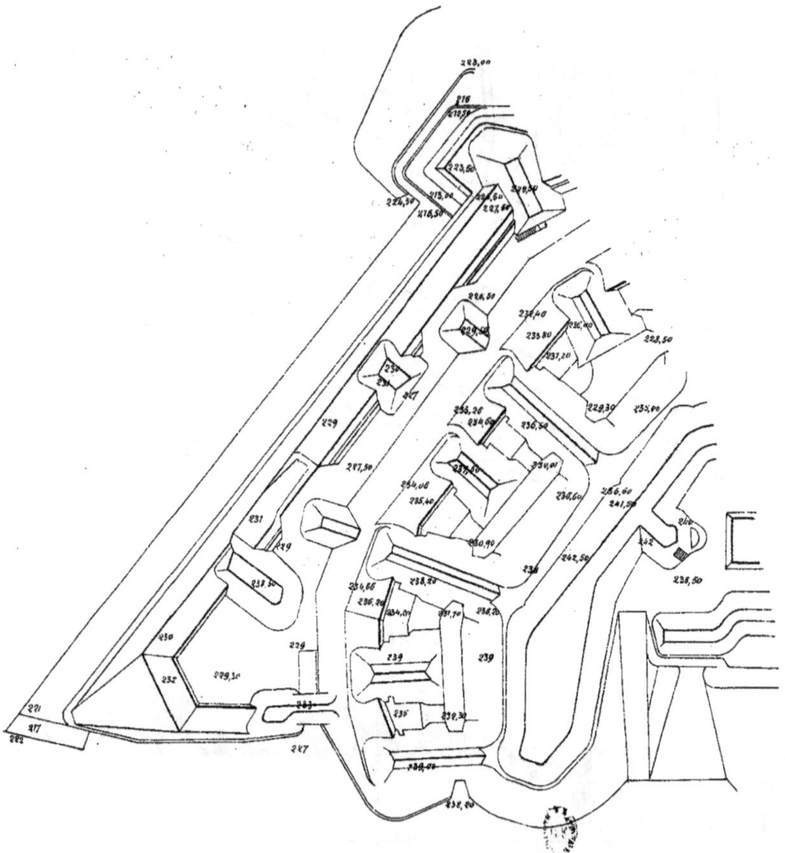

Fig. 22

Flanc de Cavalier avec Traverses allongées et coudées.

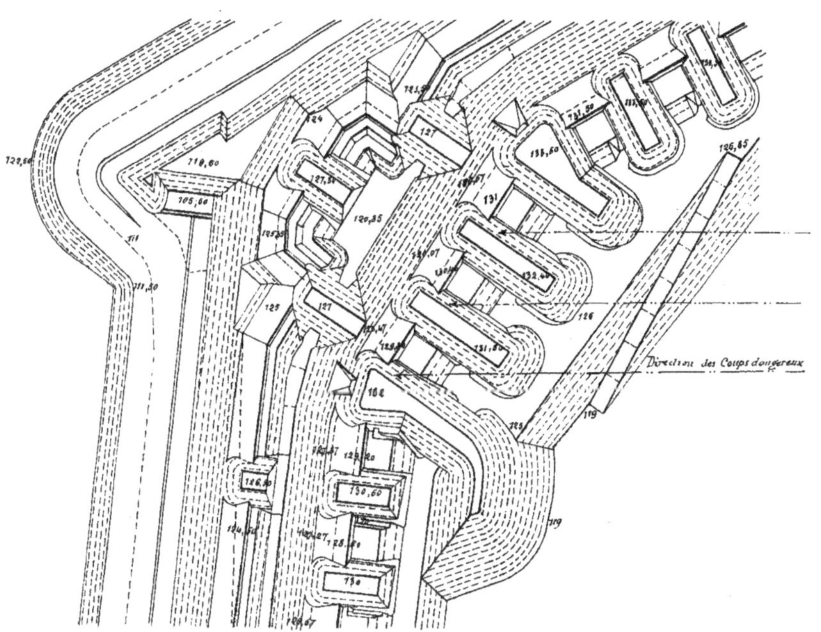

Fig. 29.

Exemple de Crête secondaire au Saillant d'un Ouvrage.

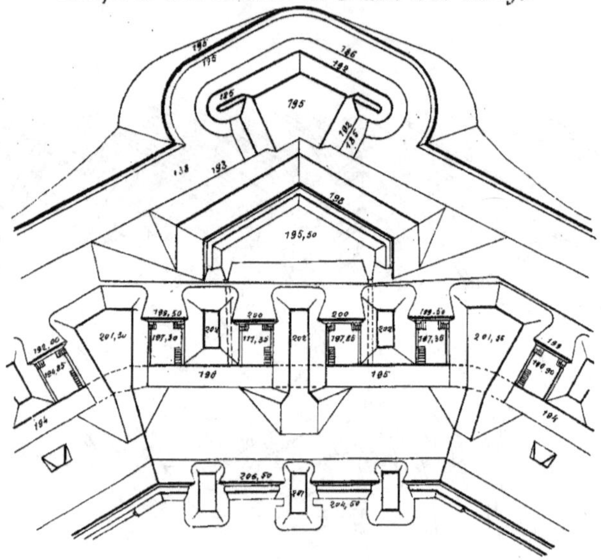

Fig. 30.

Exemple de Crête secondaire à un angle d'épaule et sur la Caponnière correspondante.

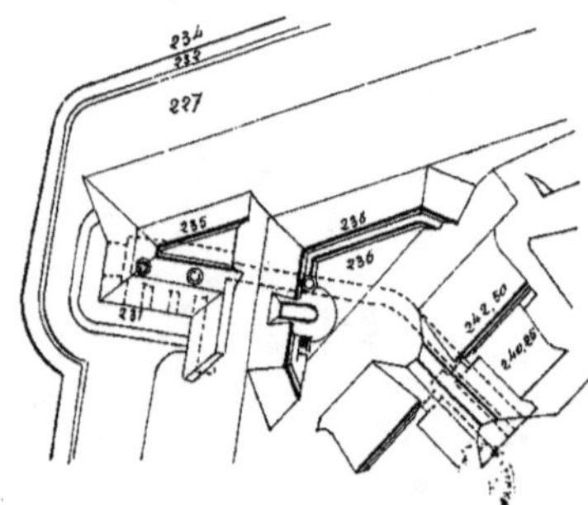

Fig. 31.

Exemple de Crête secondaire à la jonction d'un flanc et d'une gorge.

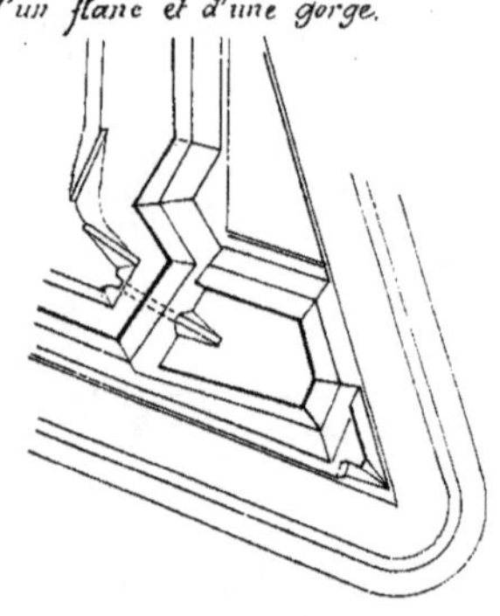

Fig. 33.

Entrée de Fort par une Rampe débouchant à ciel ouvert dans le fossé de Gorge. à mi-hauteur au dessus du fond.

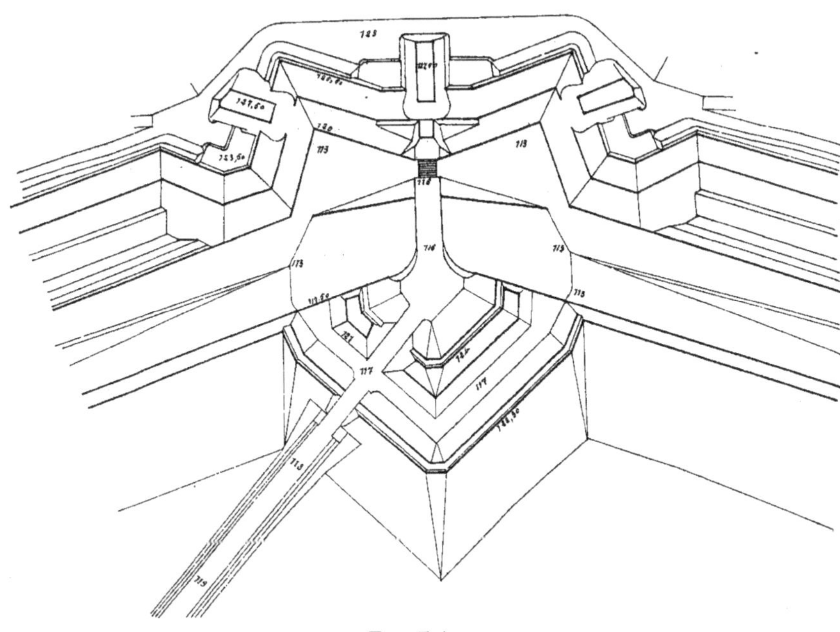

Fig. 34.

Entrée de Fort par un Pont au niveau du terrain naturel

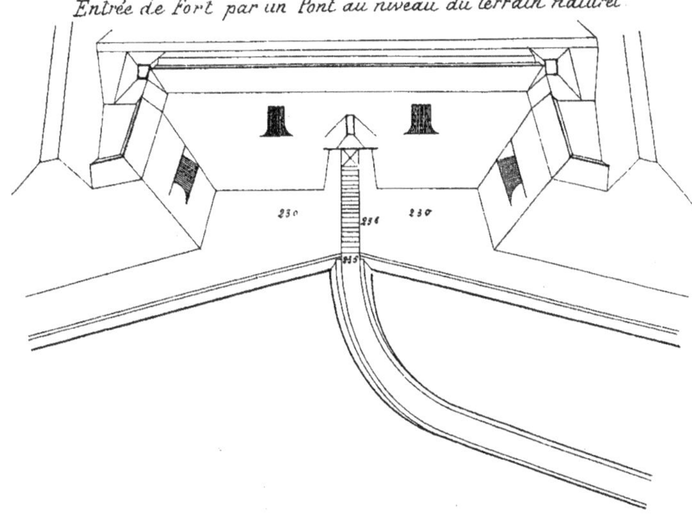

Fig. 34. bis.

Détails du Pont-Levis et des Locaux d'entrée.

Élévation (1/200).

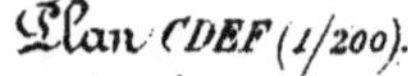

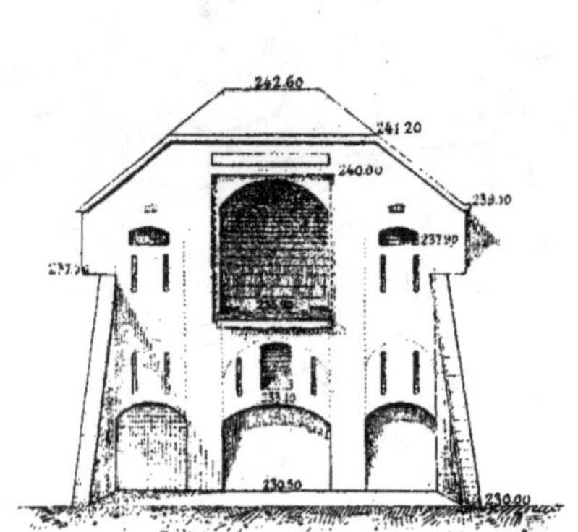

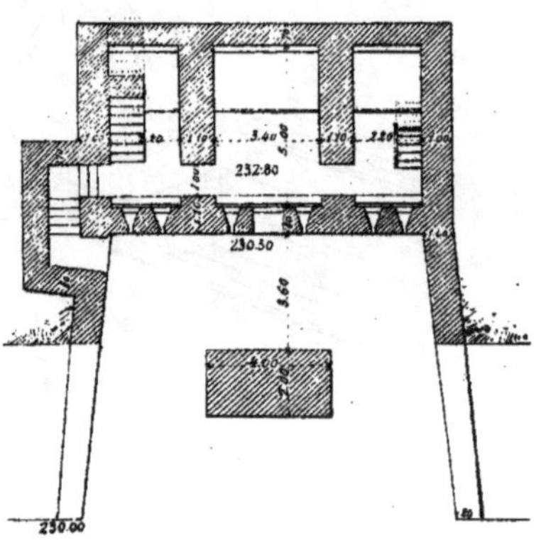

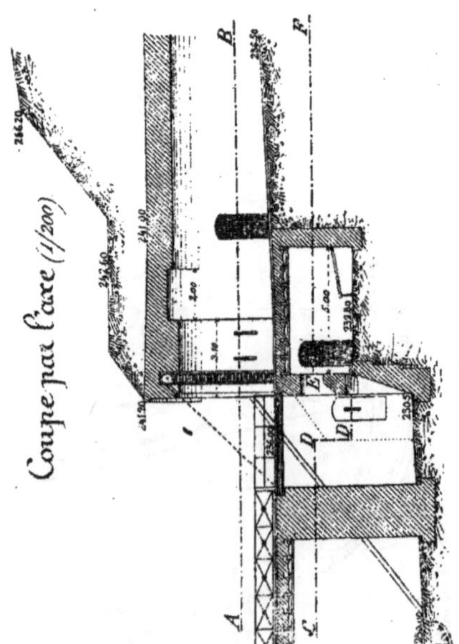

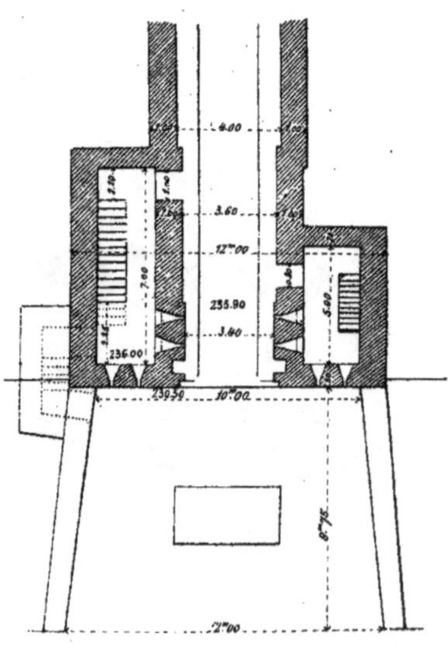

Fig. 35.

Entrée de Fort par la Caponnière de Gorge, au niveau du fond du fossé.

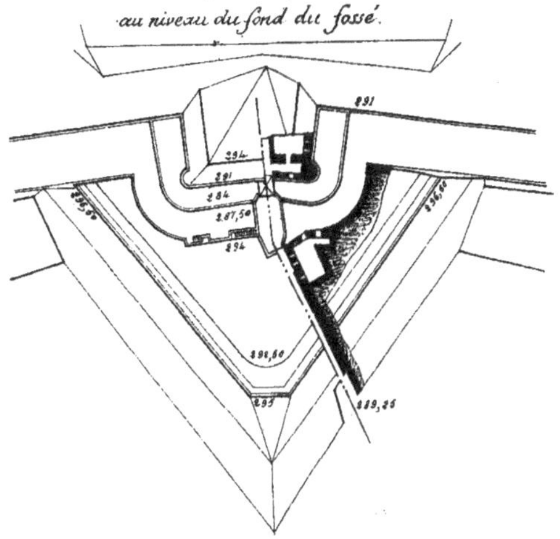

Fig. 36.

Ravelin d'entrée avec Locaux n'enfilant pas le Passage.

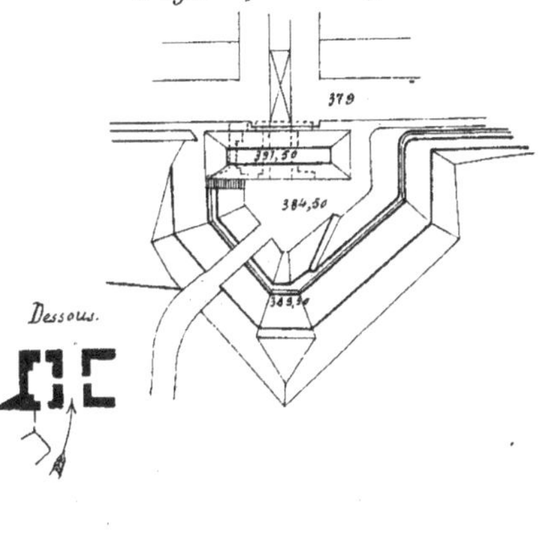

Fig. 37.

Ravelin d'entrée avec Locaux casematés battant la route d'enfilade.

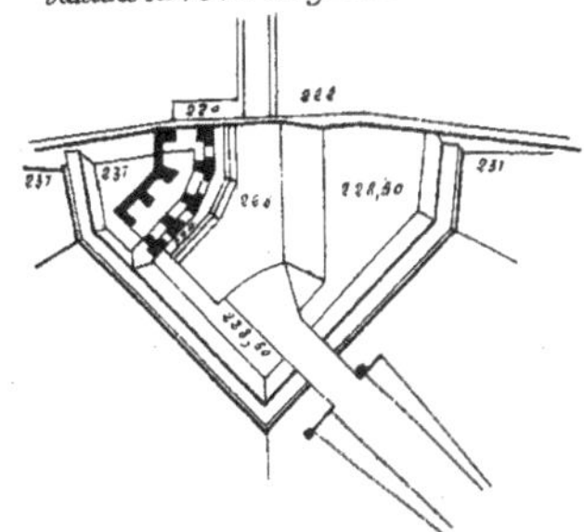

Fig. 38.

Ravelin d'entrée ou Place d'armes avec Magasin pour Batterie contigue au Fort.

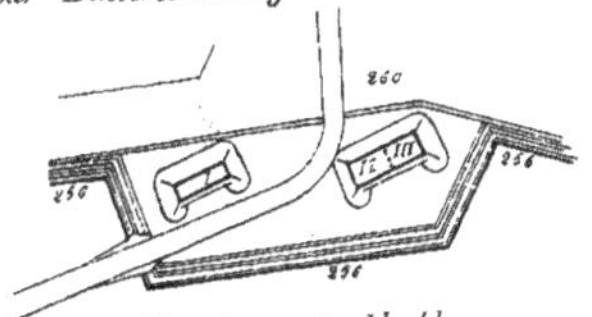

I Corps de garde blockhaus.
II Mag^in aux projectiles et Locaux de chargement.
III Mag^in de consommation.

Fig. 42.

Fort à Massif central et Batterie basse.

Plan des Dessus.

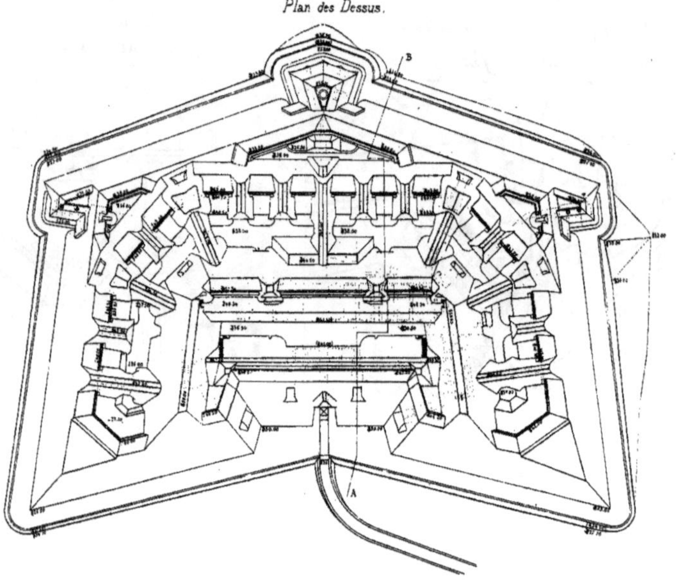

Fig. 42 bis.

Plan des Dessous.

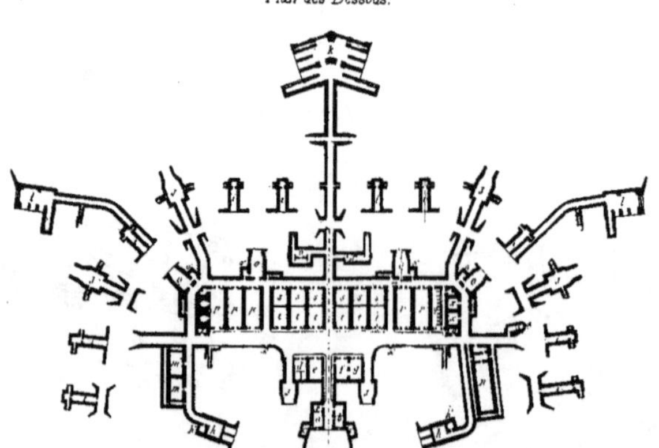

Plan du 1er étage de la caserne.

Légende.

Rez-de-chaussée.

- a — Corps de garde
- b — Casernier
- c — Flanquements de l'entrée.
- d — Commandant du fort et bureau [illegible]
- e — Gardien de batterie
- f — Cantine.
- g — Cuisine.
- h — Casemates de flanquement de la [illegible]
- h' — Idem — magasin
- i — Traverses abris de rempart
- j — Casemates.
- k — Caponnière du front de tête
- l — Caponnières des flancs
- m — Magasins à munitions
- n — Magasin à poudre
- o — Casemates à feux indirects
- o' — idem — magasin
- p — Boulangerie et magasin aux vivres
- q — Écurie
- r — Magasins d'artillerie
- s — Magasins
- t — Logements d'Officiers
- u — Latrines pour la troupe
- v — Latrines d'officiers et de sous-officiers
- x — Magasins de cartouches d'infanterie
- y — Forge.
- z — Atelier de réparations.
- α — Puits de réserve
- α' — Petits puits

1er Étage.

- 1 — Locaux de punitions
- 2 — Chambres pour 56 hommes.
- 3 — Chambres des sous-officiers
- 4 — Hôpital de siège

Fig. 43.

Fort sans massif central avec Locaux sous la tête et sous la Gorge.

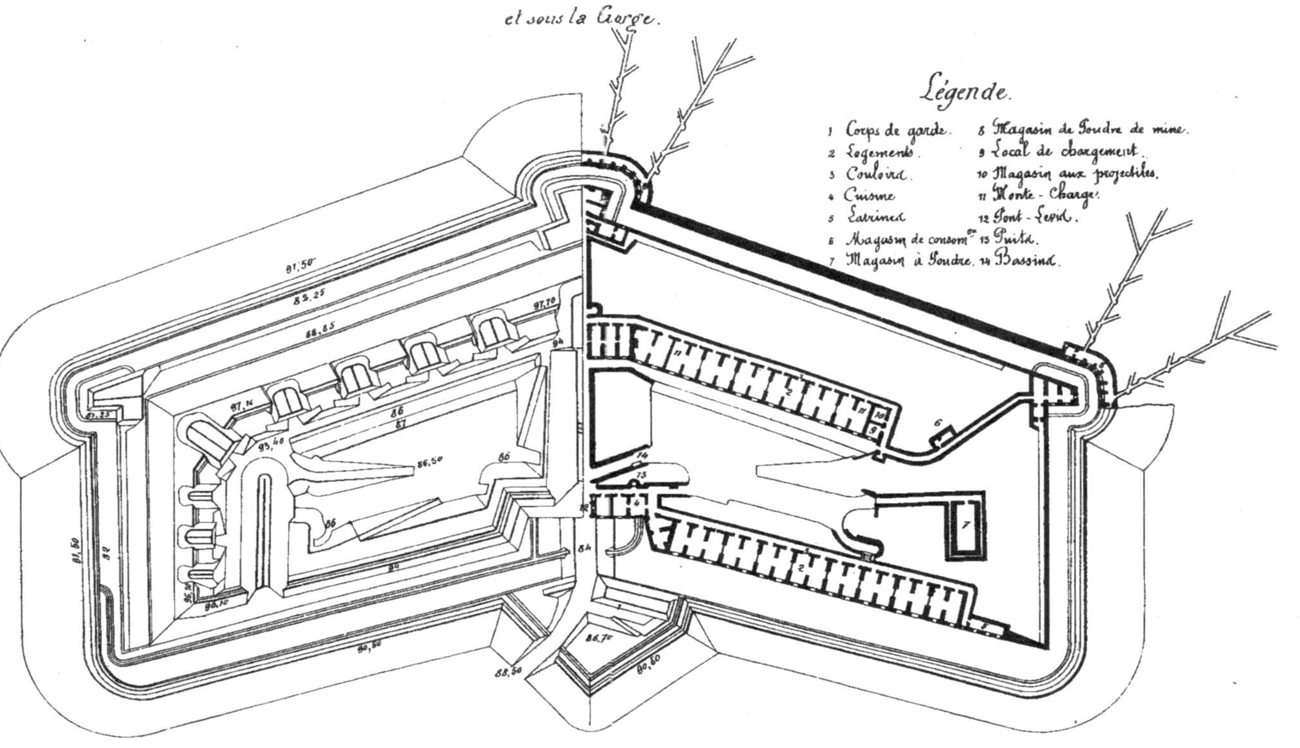

Nota. — Le tracé ponctué indique le niveau du terrain naturel dans le cas où l'étage inférieur serait enterré.

Fig. 44.

Coupe de Locaux à 2 Etages sous le front de tête.

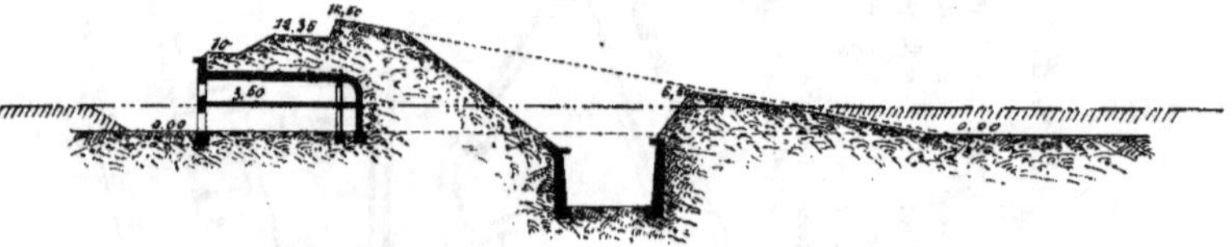

Fig 45 bis.

Coupe suivant FGHI.

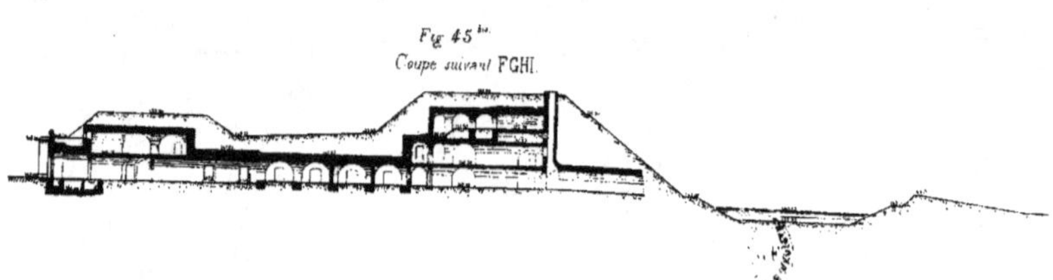

Fig 45.

Fort avec Fossés pleins d'eau

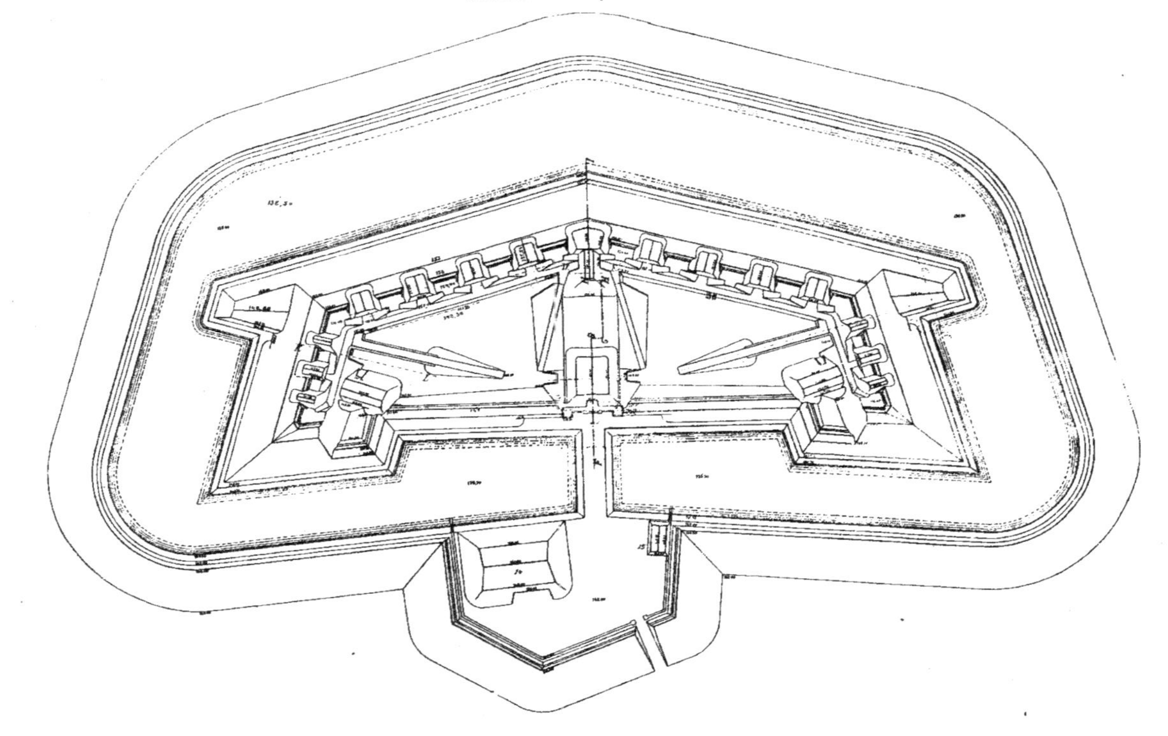

Fig. 46.

Fort sans Massif central, avec Locaux sous la Gorge.

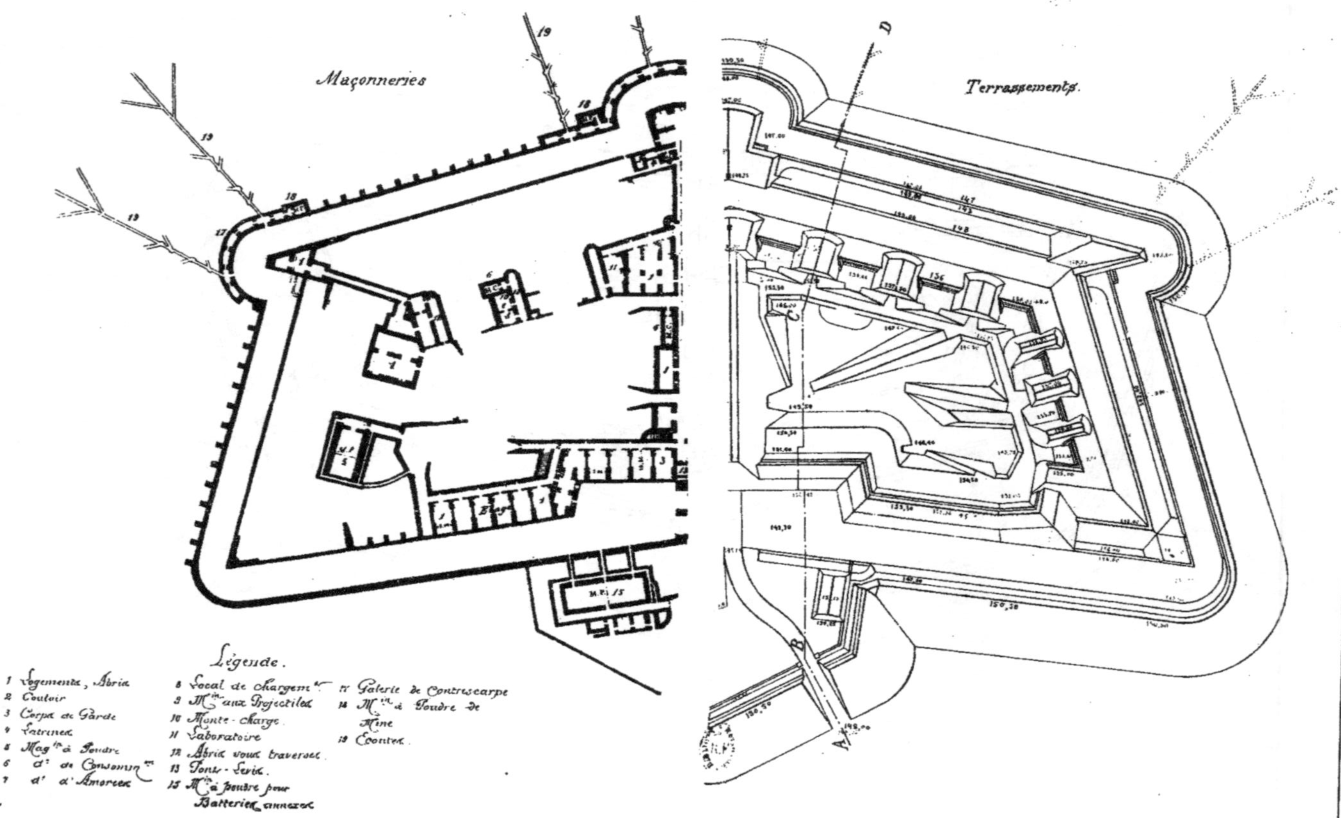

Fig. 46 bis

Coupe suivant ABCD.

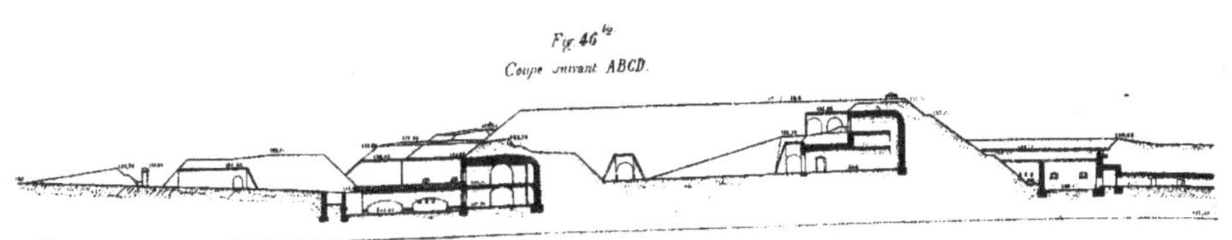

Fig. 47.

Fort plat.

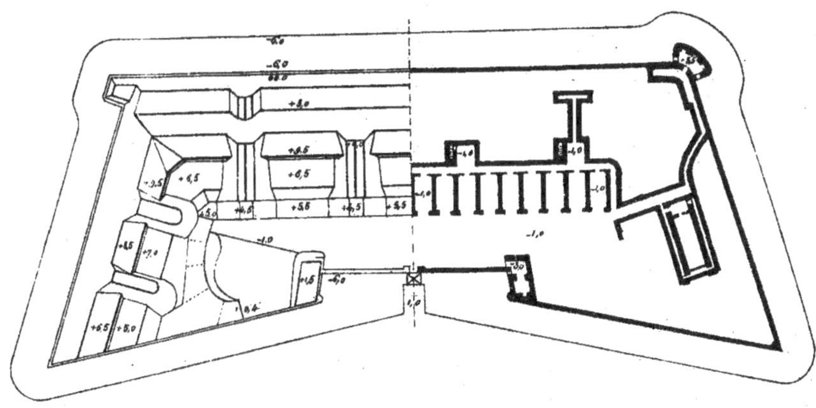

Fig. 48

Batterie annexe accolée à un Fort.

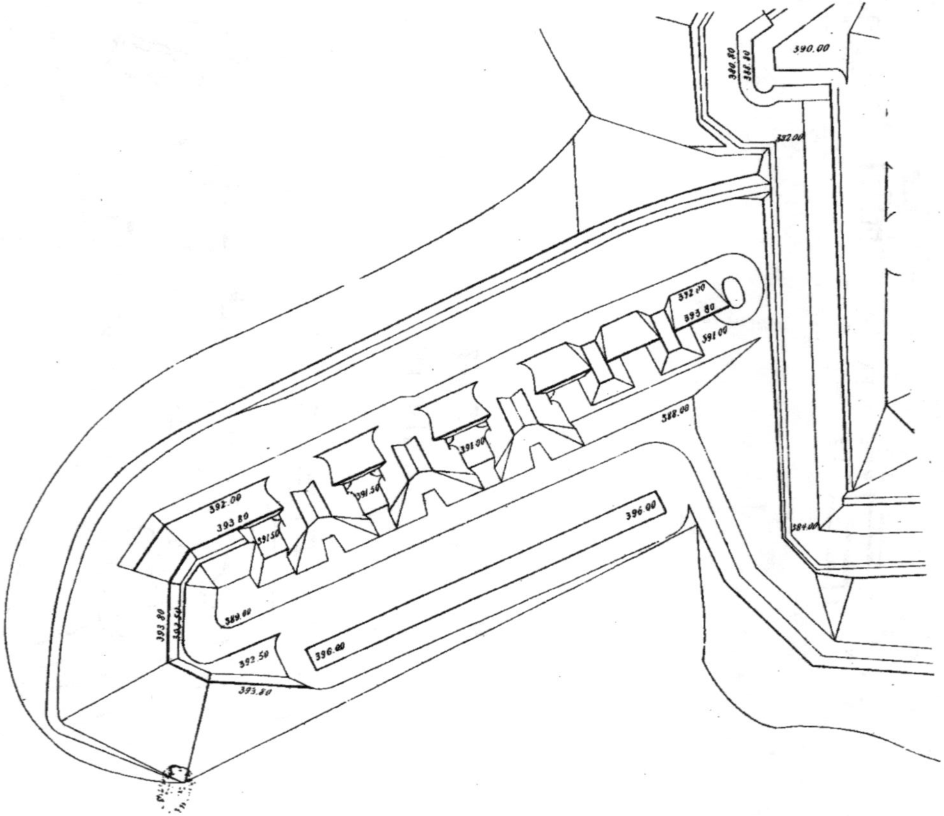

Fig. 49.

Batterie annexe accolée à un fort.

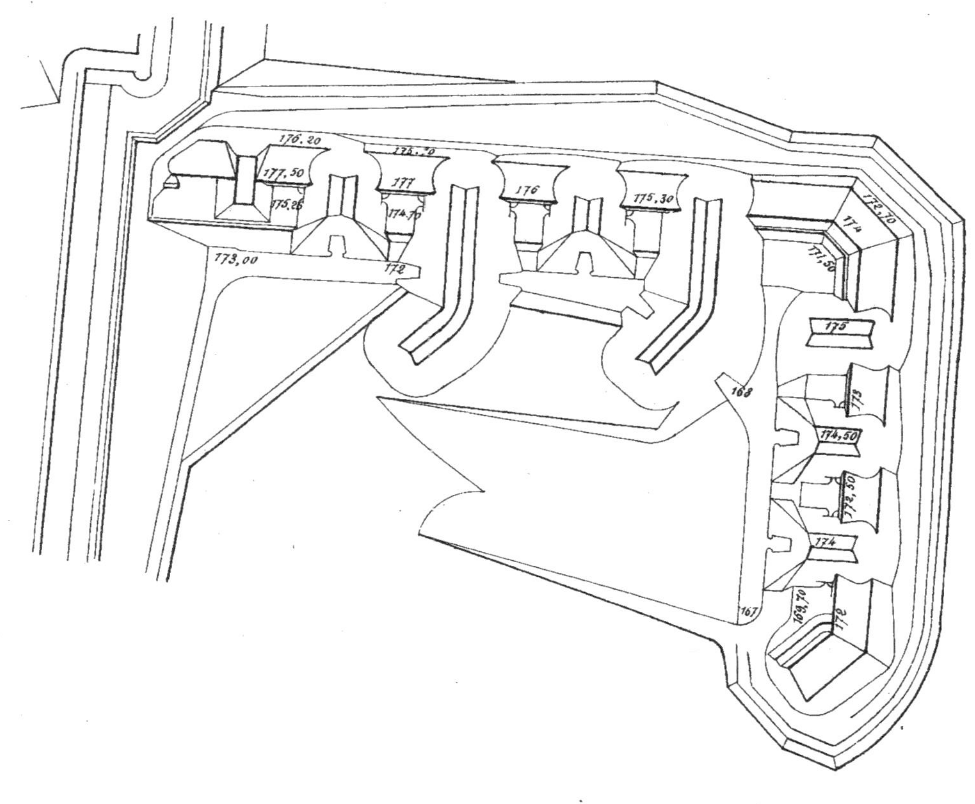

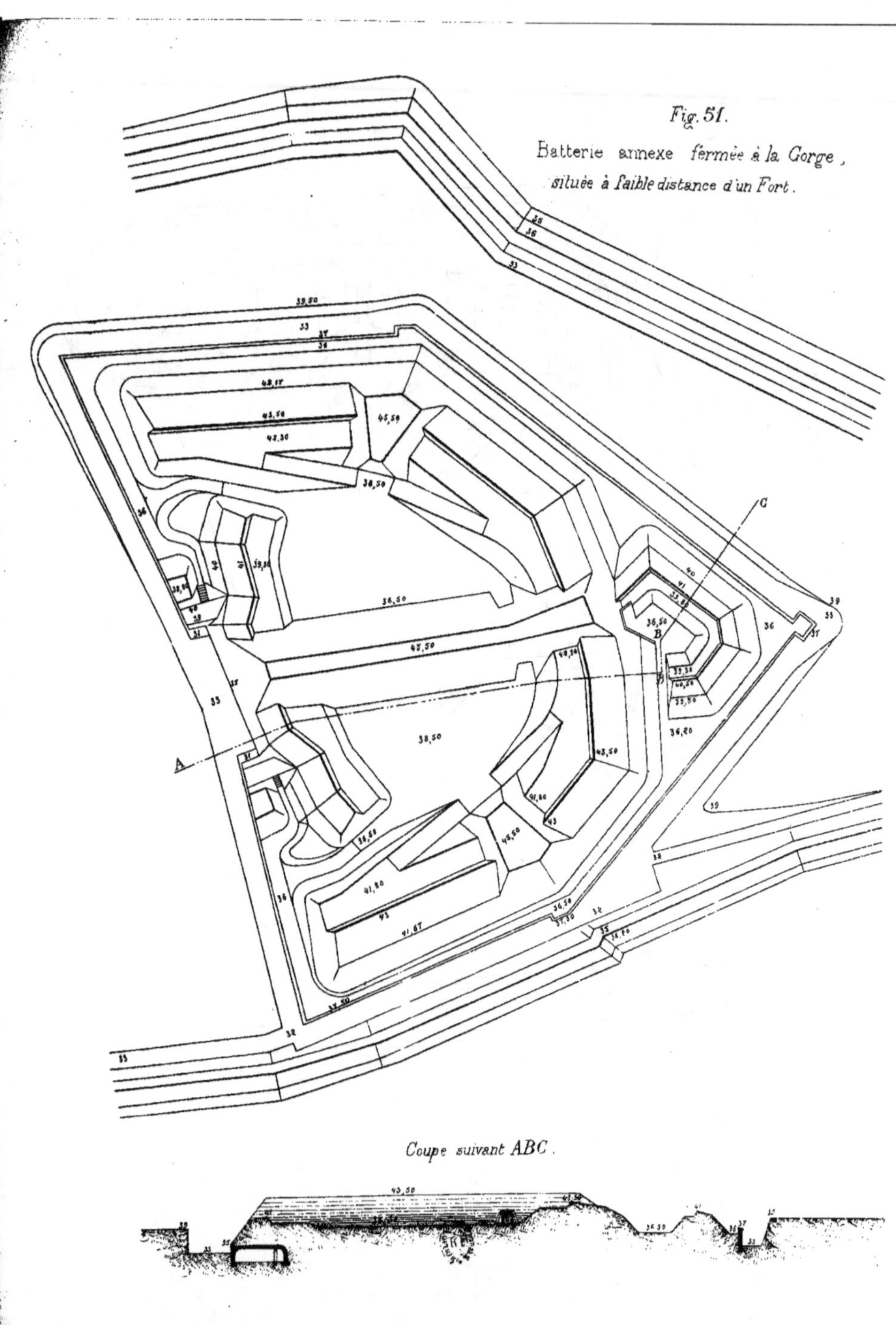
Fig. 51.
Batterie annexe fermée à la Gorge, située à faible distance d'un Fort.
A
B
C
Coupe suivant ABC.

Fig. 71.

Fort d'arrêt irrégulier avec annexes.

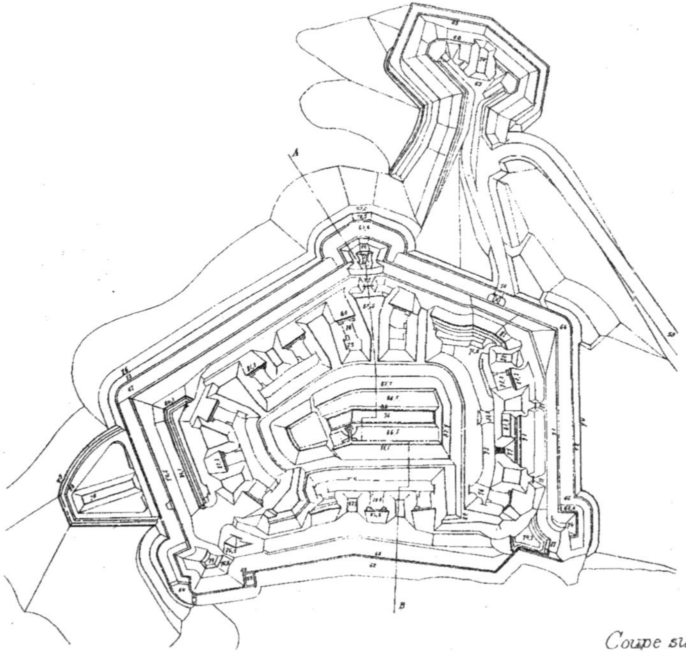

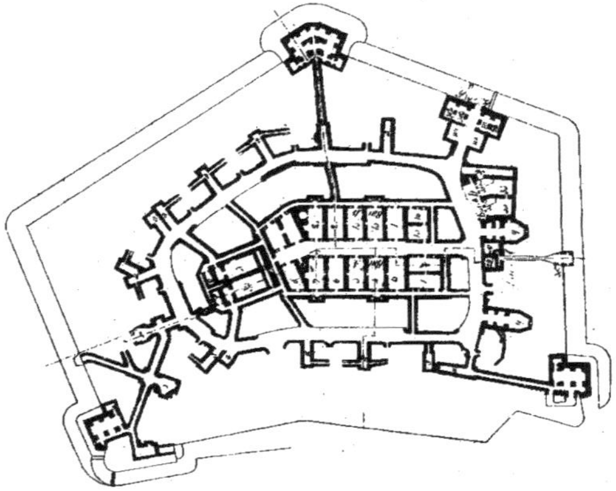

Coupe suivant AB.

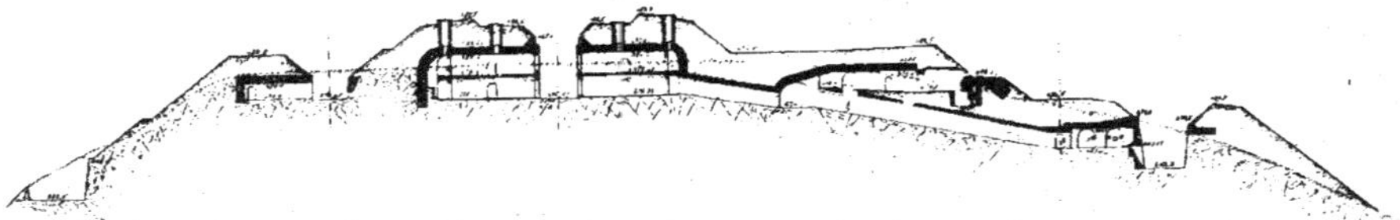

Fig. 72.

Fort d'arrêt avec front rentré.

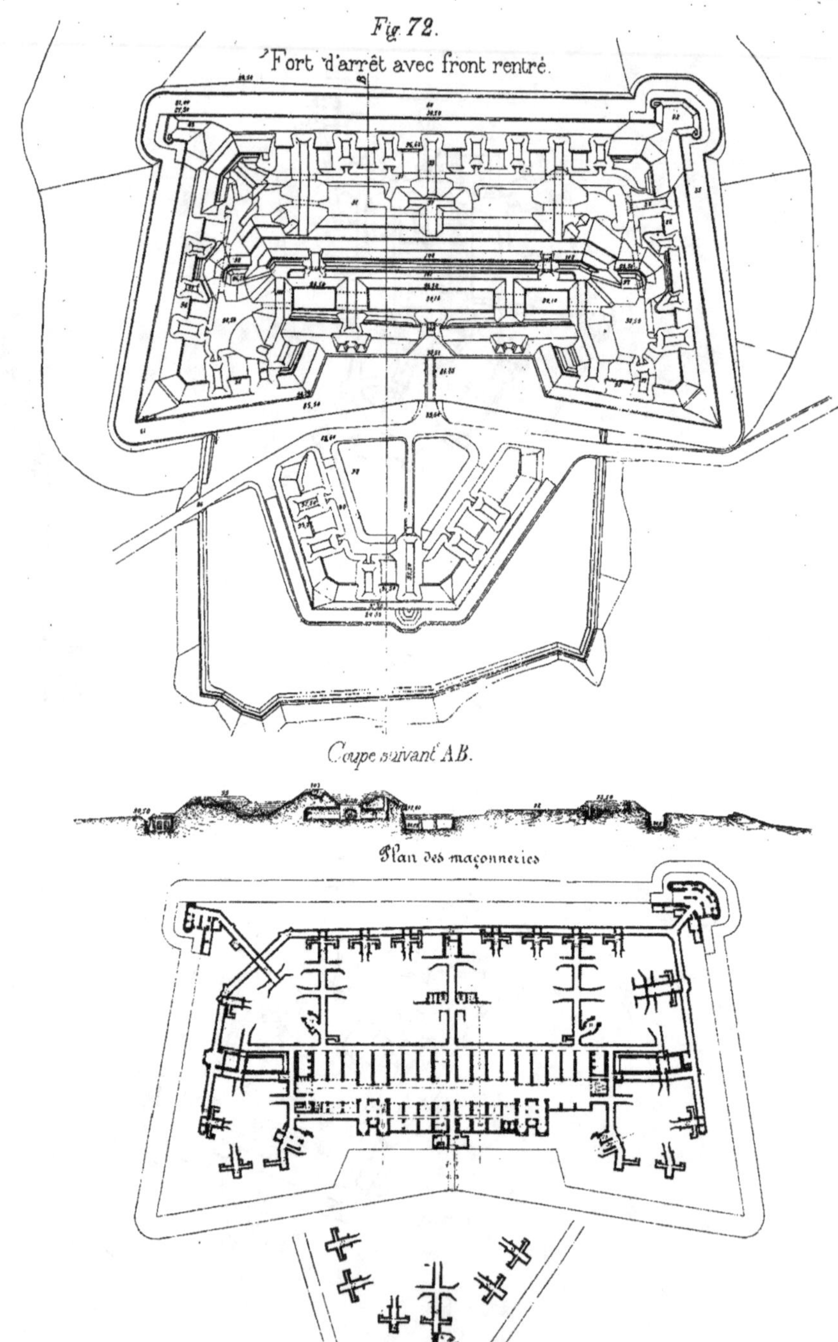

Coupe suivant AB.

Plan des maçonneries

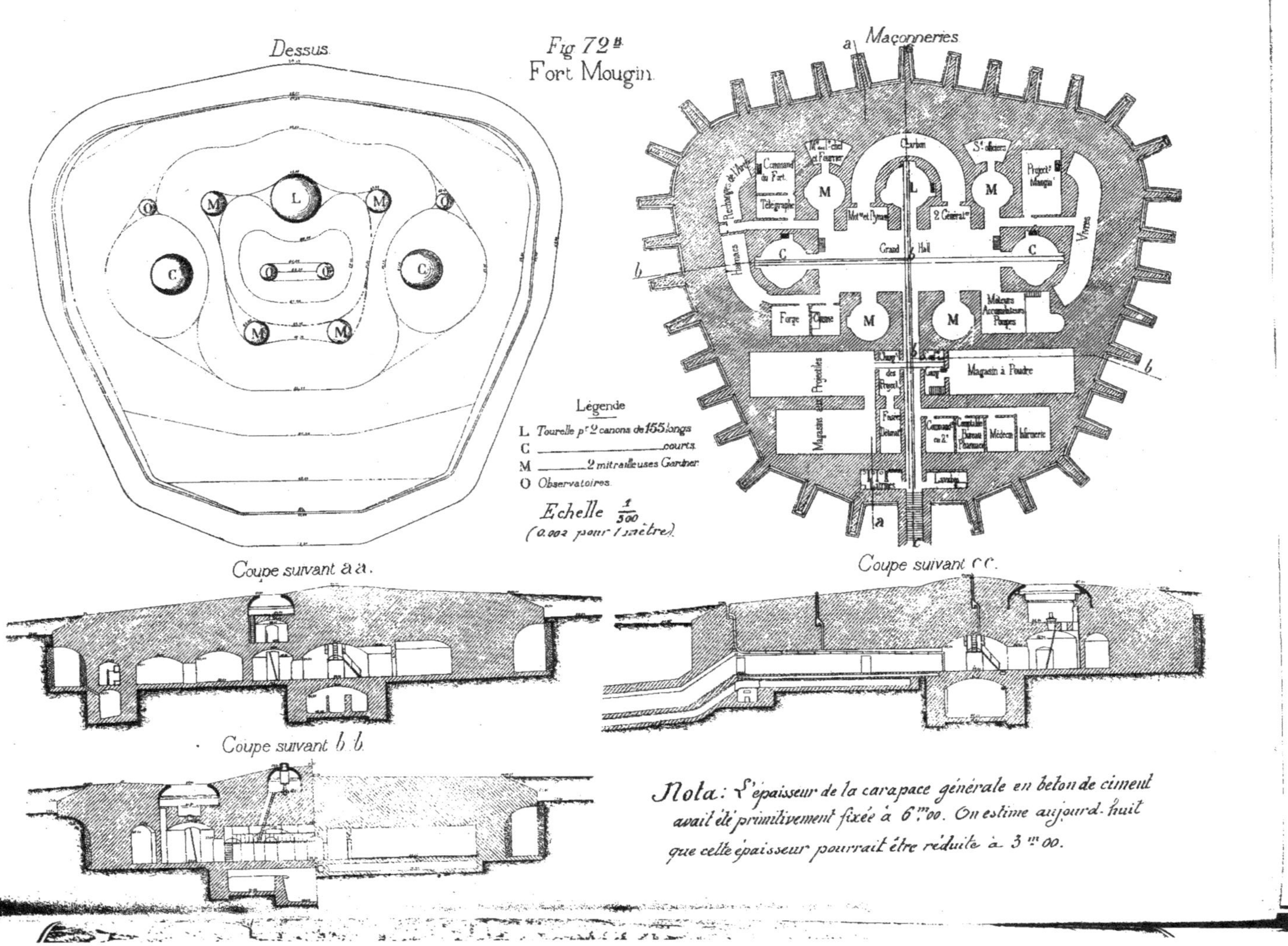
Fig 72 B
Fort Mougin
Dessus
Maçonneries
Légende
L Tourelle pr 2 canons de 155 longs
C ——— courts
M ——— 2 mitrailleuses Gardner
O Observatoires
Echelle 1/500
(0.002 pour 1 mètre)
Commandt du Fort
Télégraphe
Carbon
St officiers
Projectr Mougin
M
L
C
O
Mot et Pyrot
2 Générat
Grand Hall
Vivres
Forge
Magasin à Poudre
Magasins aux Projectiles
Moteurs Accumulateurs Pompes
Commandt en 2e
Médecin
Infirmerie
Lavabos
Coupe suivant a a.
Coupe suivant c c.
Coupe suivant b b.
Nota: L'épaisseur de la carapace générale en béton de ciment
avait été primitivement fixée à 6m00. On estime aujourd'hui
que cette épaisseur pourrait être réduite à 3m00.

Fig. 73. POSITION D'ALBERTVILLE.

Echelle de 1:80.000e

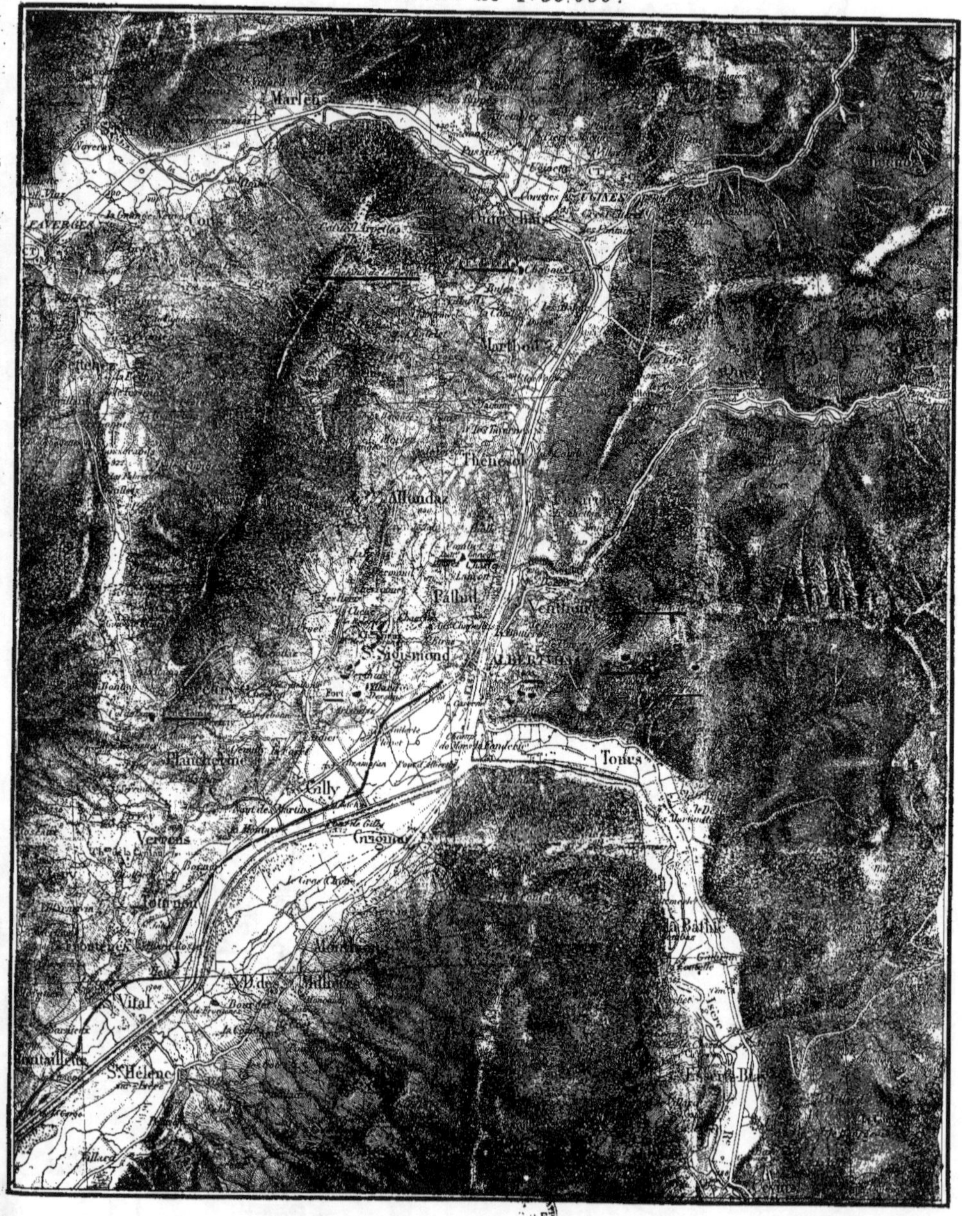

Fig 74. ENVIRONS DE GRENOBLE

Echelle de 1:80 000e

GRENOBLE

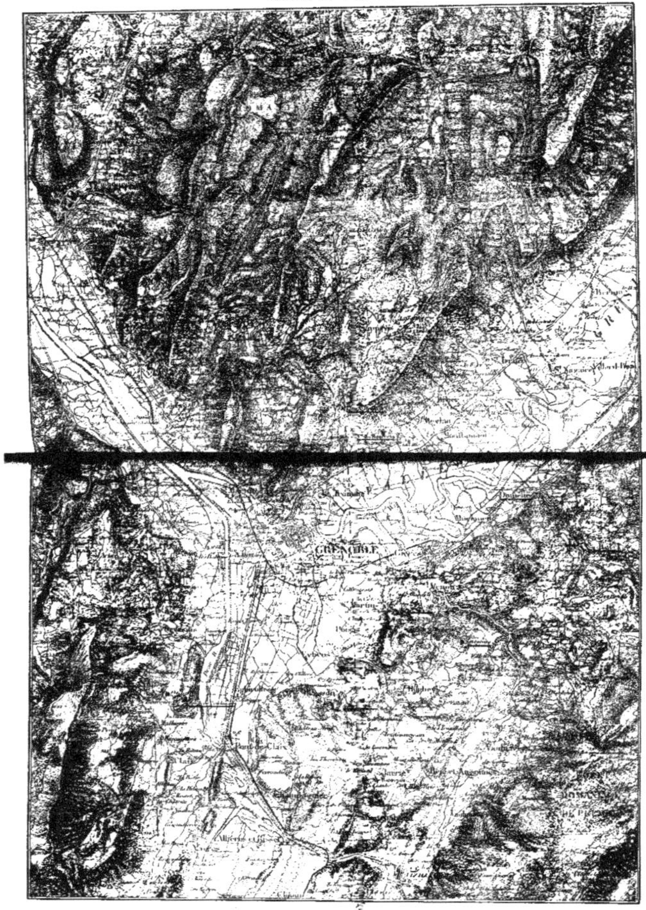

Fig. 75 POSITION DE CHAMOUSSET.

Echelle de 1: 80.000e

Fig 76.

Fort en montagne.

Dessus.

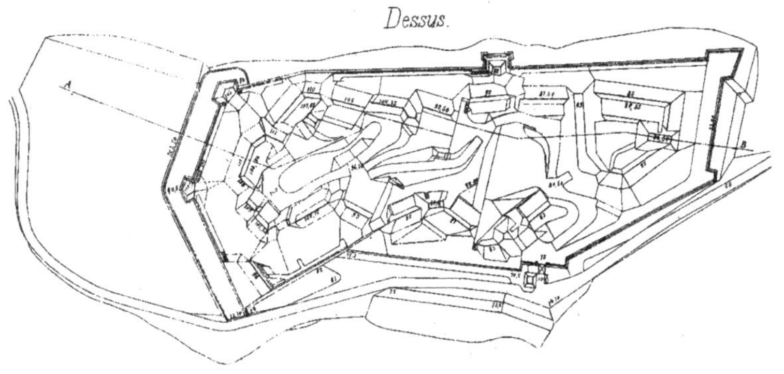

Maçonneries.

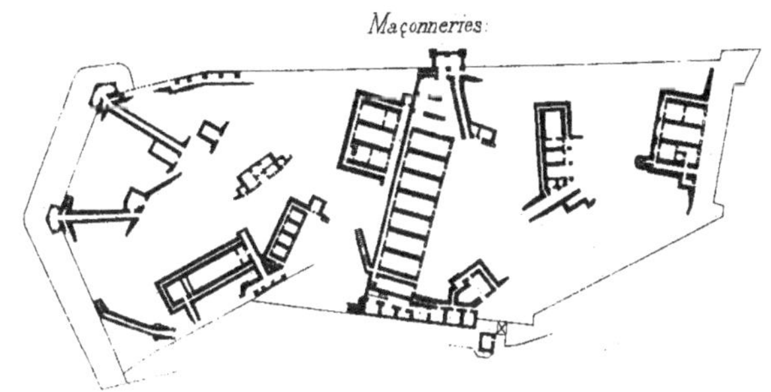

Coupe suivant AB.

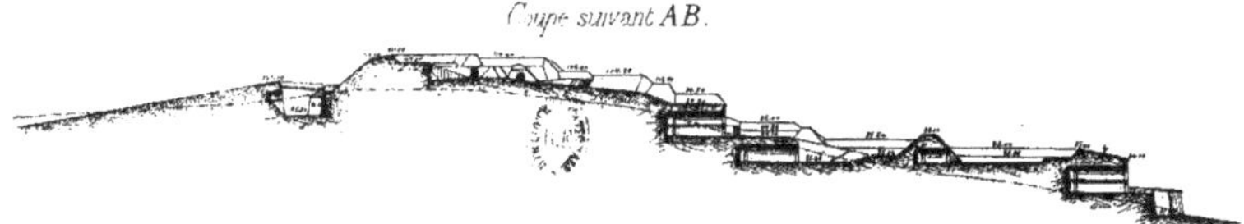

Fig. 77.

Chemin couvert avec Places d'armes surveillant les pentes derobées aux vues du fort.

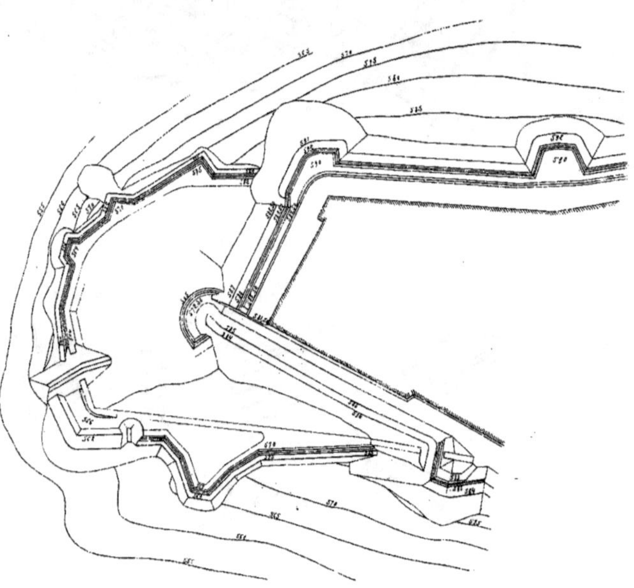

N° 94 PLAN DES ENVIRONS DE BREST.

Échelle de 1/80.000e

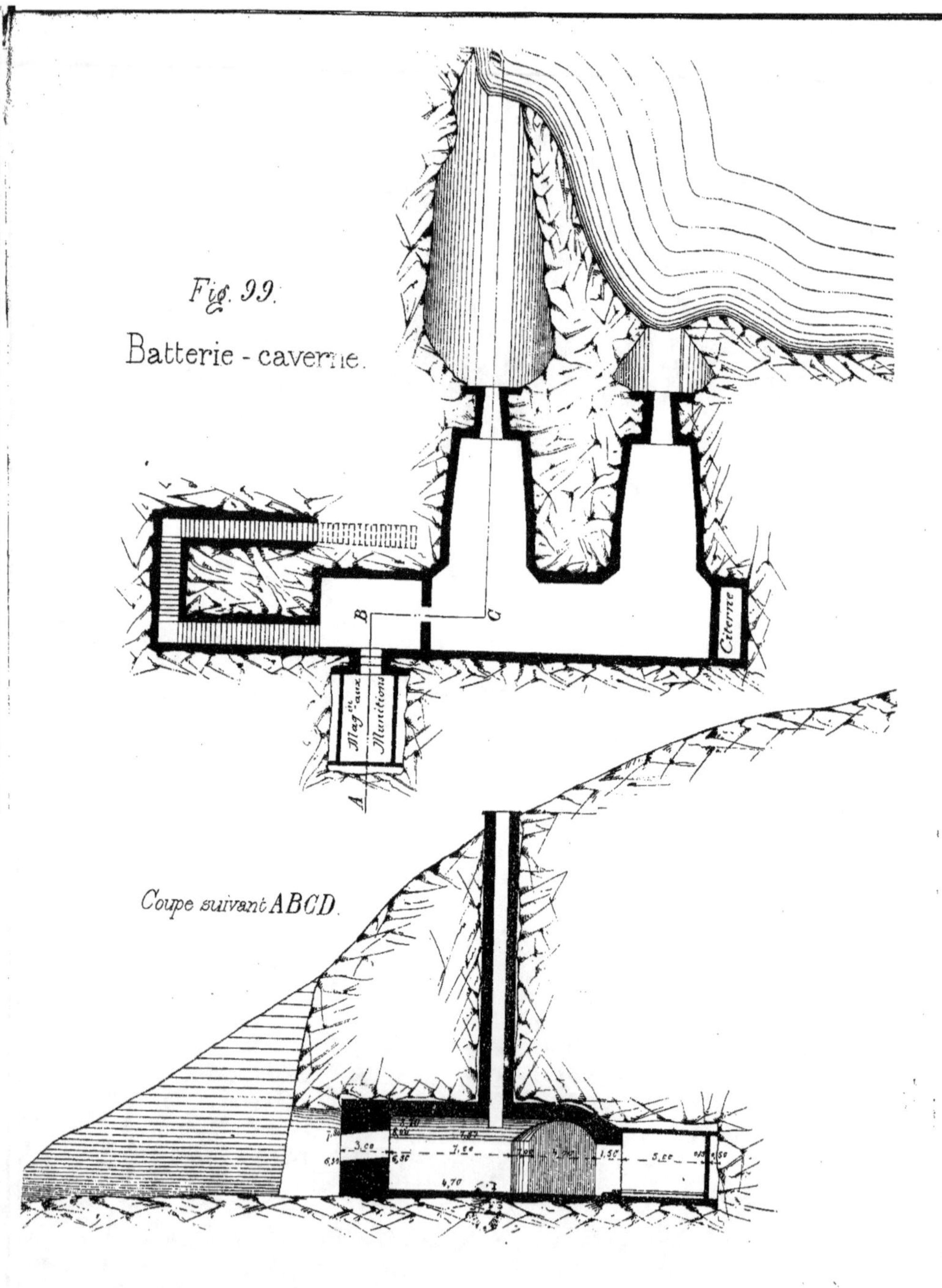
Fig. 99.
Batterie - caverne.
B
C
Citerne
Magᵗⁿ aux Munitions
A
Coupe suivant ABCD.

Fig. 100.

Profil du parapet d'une batterie de côte sur un terrain sensiblement horizontal.

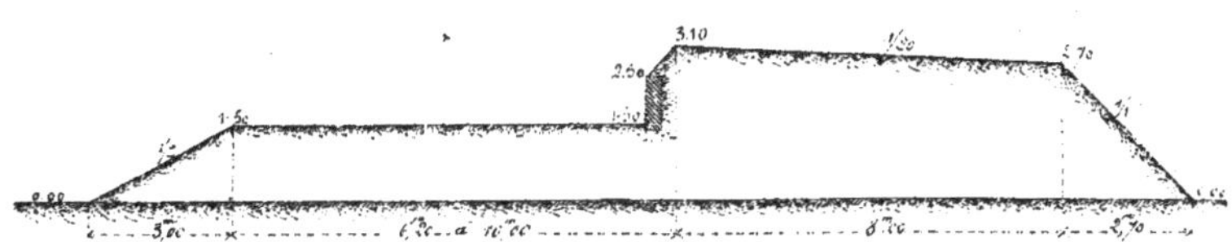

Fig. 101.

Profil du parapet d'une batterie de côte sur un terrain s'élevant en arrière.

Fig. 103.

Batterie organisée avec Traverses perpendiculaires

de pièce en pièce ou de 2 en 2 pièces, celles-ci montées sur affûts à pivot antérieur.

(Échelle $\frac{1}{500}$ environ).

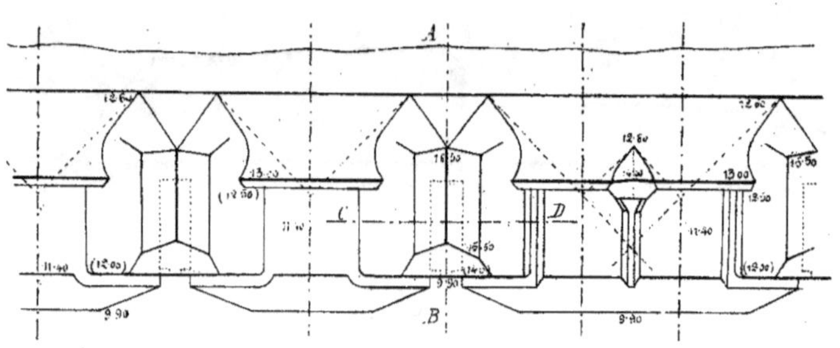

Fig. 104.

Batterie organisée avec plateformes p^r affûts à pivot antérieur.

et traverses dites: diagonales.

(Échelle $\frac{1}{500}$ environ).

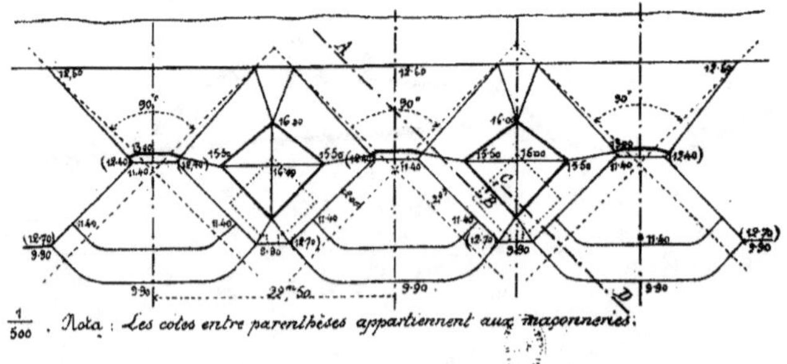

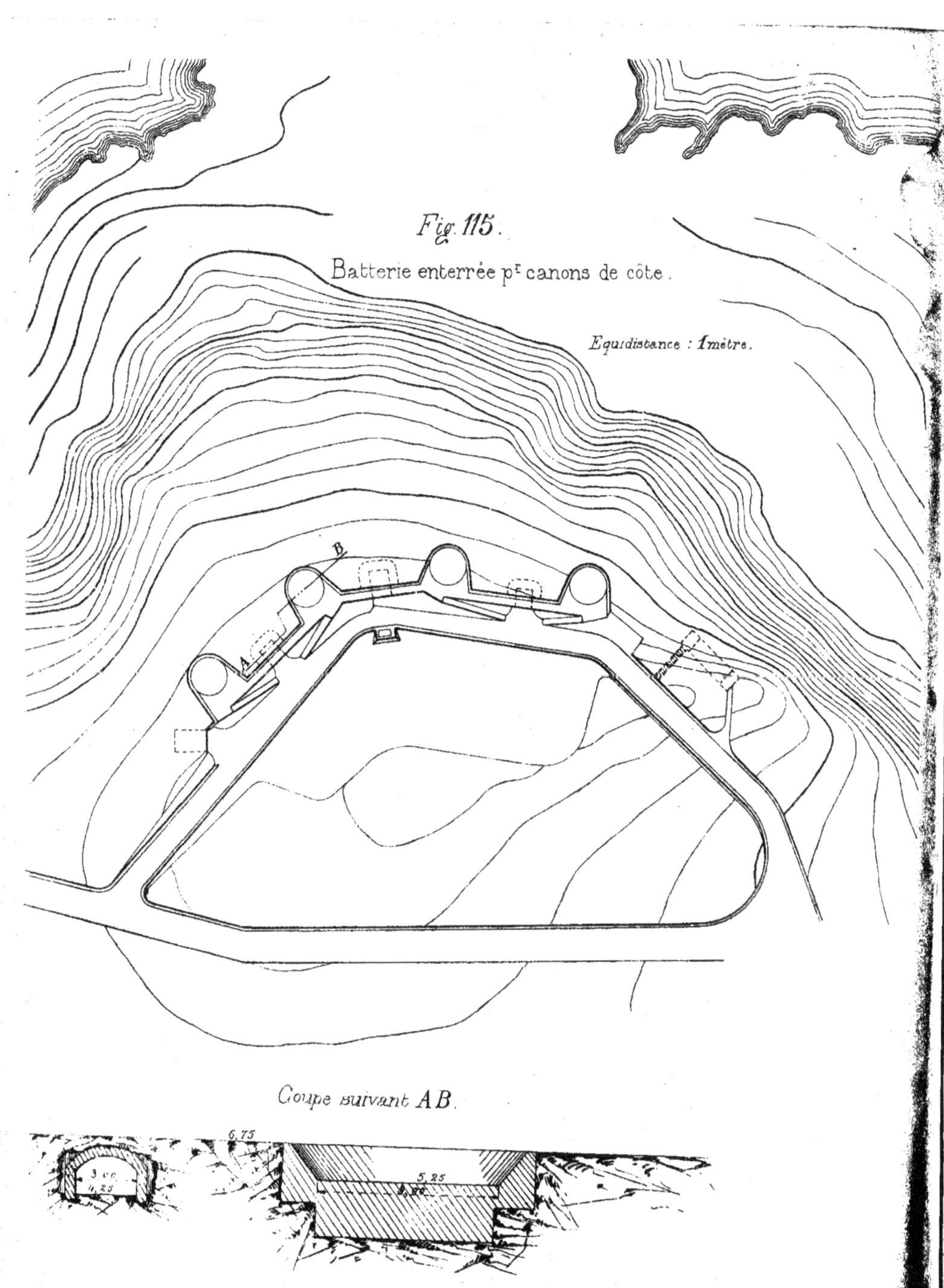
Fig. 115.
Batterie enterrée pr canons de côte.
Equidistance : 1mètre.
A
B
Coupe suivant AB.
6,75
5,25

www.ingramcontent.com/pod-product-compliance
Lightning Source LLC
LaVergne TN
LVHW011952160826
845678LV00002B/502

* 9 7 8 2 3 2 9 6 8 4 8 1 9 *